RELIGIÃO TAMBÉM SE APRENDE

Pe. HÉLIO LIBARDI, C.Ss.R.

RELIGIÃO TAMBÉM SE APRENDE 6

EDITORA SANTUÁRIO
Aparecida-SP

DIREÇÃO EDITORIAL: Pe. Flávio Cavalca de Castro, C.Ss.R.
Pe. Carlos Eduardo Catalfo, C.Ss.R.
COORDENAÇÃO EDITORIAL: Elizabeth dos Santos Reis
COPIDESQUE: Ana Lúcia de Castro Leite
COORDENAÇÃO DE REVISÃO: Maria Isabel de Araújo
REVISÃO: Marilena Floriano
Vanini Nazareth Oliveira Reis
DIAGRAMAÇÃO: Marcelo Antonio Sanna
CAPA: Marco Antônio Santos Reis

Ilustrações tiradas do clip Art CD-ROM da Liguori Faithware

Dados Internacionais de Catalogação na Publicação (CIP)
(Câmara Brasileira do Livro, SP, Brasil)

Libardi, Hélio
Religião também se aprende / Hélio Libardi. — Aparecida, SP: Editora Santuário, 2001. — (Coleção religião também se aprende; 6)

ISBN 85-7200-743-1

1. Crença e dúvida 2. Cristianismo 3. Doutrina cristã 4. Vida cristã I. Título. II. Série

00-1645 CDD-230

Índices para catálogo sistemático

1. Doutrina cristã: Religião 230

Composição, impressão e acabamento:
EDITORA SANTUÁRIO - Rua Padre Claro Monteiro, 342
Fone: (0xx12) 565-2140 — 12570-000 — Aparecida-SP.

Ano: 2004 2003 2002
Edição: **8 7 6 5 4 3 2**

Caros leitores

Volto a vocês com mais um volume da coleção "Religião também se aprende". Minha intenção é levá-los a pensar. São muitos os modelos de Igreja e muitos são os cenários. Não tenho a pretensão de dizer que esse é o certo ou que o certo é aquele. Coloco meu pensamento procurando chegar mais perto do povo, que também faz teologia e às vezes melhor que nós.

Se tudo isso fizer vocês pensarem, já estou feliz. Desse pensar deverá nascer uma fé mais consciente e mais atuante. Vocês também sentirão que a fé liberta, uma vez que tem seu centro em Jesus Libertador.

Pe. Hélio Libardi, C.Ss.R.

Vida de Jesus

1. Nós conhecemos Jesus como Ele viveu?

Estamos habituados a uma fé que não exige esclarecimentos, por isso qualquer coisa que alguém nos fale e que não bate com o que sabemos já nos assusta e nos desvia da fé.

Durante a vida de Jesus, ninguém se preocupou em anotar as palavras, os acontecimentos em torno dele. Apesar dos anúncios proféticos que falavam do Messias, mesmo assim não era fácil para o povo reconhecer, naquele homem vindo de Nazaré, o Messias prometido que libertaria o povo.

Por isso mesmo é que não conhecemos Jesus diretamente, através de seus escritos, mas através do movimento que Ele suscitou. O que temos em mãos hoje é a reflexão, a lembrança, a leitura que a primeira comunidade fez de Jesus. Ela é a testemunha do que Jesus disse e fez.

O trabalho da comunidade não foi o de narrar a história de Jesus, mas simplesmente atestar que aquele Jesus de Nazaré é o Messias, Filho de Deus. Os evangelhos não são crônicas, mas documentos de fé. Às vezes a figura de Jesus fica até esquecida pelo acento que se dá pela luz do divino expresso na Páscoa.

Nessas alturas, os evangelhos são produtos de uma longa experiência de Jesus ressuscitado, já iniciado pela comunidade. Eles têm finalidade religiosa, são experiências escritas e direcionadas para ajudar as comunidades na fé e na resolução de seus problemas.

Os evangelhos foram instrumentos de catequese, de culto, e vinham atualizados pela comunidade primitiva. De modo que o que temos é um testemunho despertado pela figura do Senhor Ressuscitado. Os evangelistas recolheram os relatos de seu tempo, repensaram e escreveram segundo suas perspectivas teológicas.

Depois da interpretação da comunidade primitiva, da leitura que os evangelistas e mesmo a Igreja fizeram, percebemos que estamos longe de chegar a visualizar a figura de Jesus, como ele viveu, e de termos, no original, suas próprias palavras.

Isso não interfere em nossa fé, porque ela se baseia no Cristo Ressuscitado como a consagração de Deus. Para nós o importante é o querigma, o anúncio salvador que a comunidade conservou e nos transmitiu. Isso também não nos leva a duvidar do Jesus histórico e não podemos dizer que não existiu. Ele está na origem do movimento histórico percebido e vivido pela comunidade primitiva.

Essa é mais uma razão por que não se toma a Bíblia ao pé da letra, mas é preciso fazer toda a moldura e colocá-la dentro do seu contexto.

2. O Cristo da Páscoa é o mesmo Jesus de Nazaré?

Embora as explicitações que temos sejam resultado da experiência de Jesus, feitas pelas comunidades primitivas de acordo com suas perspectivas teológicas e seus problemas, podemos chegar até Jesus de Nazaré. É através do anúncio dos evangelhos que percebemos que o Cristo Pascal é o mesmo Jesus de Nazaré.

O problema é que agora ele vem identificado como o Messias Salvador. Hoje é o ressuscitado, ontem era o crucificado. Não podemos ficar só com o Jesus que perambulou pela Palestina, sem o Jesus ressuscitado.

Se não temos o relato histórico, cronológico do Jesus, filho do carpinteiro, é porque a ressurreição foi o grande momento que despertou a comunidade para a percepção, agora confirmada, que Jesus de Nazaré é o Cristo de Deus, mais um acontecimento que, como outros, poderia cair no esquecimento. Até então tudo carecia de uma confirmação de Deus, Senhor da história. E mesmo que a comunidade tenha feito teologia, essa teologia foi feita em cima de uma base histórica.

Assim percebemos que entre Jesus e o texto que conhecemos dos evangelhos temos várias camadas e leituras que nos enriquecem, embora aumentem a distância entre o Jesus que conhecemos e o Jesus que viveu na Palestina.

A partir da experiência da ressurreição e do Cristo Ressuscitado, os apóstolos e discípulos puderam confessar Jesus e executaram atos, adotaram comportamentos que deram fundamento à fé cristã e à relação de continuidade entre o fenômeno Jesus e a interpretação que foi dada pela Igreja primitiva.

Através de diversos estudos comparativos podemos hoje perceber os traços do Jesus histórico e a linha de seus discursos. E vamos encontrar no discurso de Pedro a fé na identidade de Jesus, quando ele diz que o mesmo Jesus que foi crucificado, Deus fez ressurgir da morte e está vivo no meio de nós.

Com a certeza histórica que temos hoje, não devemos nos preocupar em encontrar a pureza do querigma (o anúncio da salvação) primitivo. Sem menosprezar os acontecimentos, nossa preocupação é fazer uma nova leitura de Jesus de acordo com nossos tempos, como grande anúncio salvador de Deus e como luz a guiar a humanidade.

Jesus hoje não pode ser um receituário que aponte as mais variadas soluções para os mais diversos problemas, mas a fonte geradora de nossas atitudes, nossa ética, nossa configuração do homem e da sociedade moderna.

É preciso ter coragem para dizer que Jesus ressuscita hoje no meio do caos da história. Ele é o início e o fim das coisas.

3. Por que Jesus não curava a todos?

Sabemos bem que o sofrimento e as doenças não nascem de Deus. Há sofrimentos que estão ligados à nossa natureza, frutos de herança genética ou dos próprios limites da mesma natureza. Outros sofrimentos nascem do nosso interior, nossas falhas, exageros, excessos e falta de capacidade de administrar a vida.

Há muitas doenças e sofrimentos que são provocados pela atitude da pessoa, seu modo de agir e valores que pautam sua vida. Falemos também de sofrimento que é resultado do "pecado social". Dele nascem a ganância, a falta de partilha, o egoísmo, a violência, o desemprego, a desigualdade social, a fome, a miséria etc. Não podemos colocar a culpa em Deus, que respeita a nossa liberdade.

Tudo o que depende de nós, temos de fazer, Deus não faz para nós. Se muitos sofrimentos são causados pela desordem, decisões mal tomadas, de erros nossos, sem nossa colaboração, não teremos a solução nem Jesus tem a obrigação de resolvê-los. E de que adianta resolver o problema hoje, se a causa perdura e amanhã estaremos de volta com os mesmos problemas? Isso nos ajuda a ler as atitudes de Jesus.

Os milagres de Jesus têm endereço certo, um propósito maior do que o de apenas aliviar a dor. Eram sinais em seu poder sobre o mal, sinais da chegada do reino de Deus, sinais de que nenhum sofrimento ou doença ou pecado poderiam ser maiores que o poder do bem.

As curas de Jesus estavam ligadas à conversão da pessoa, eram para elas a manifestação da fé no poder de Jesus: "Tua fé te curou". Precisamos perceber que nem todos creram em Jesus, muitos queriam só a cura e não queriam o compromisso gerado pela fé.

Outro dado que temos é que os Evangelhos não contam tudo o que Jesus fez, mas narram o mais significativo. É o que vemos no final do Evangelho de São João, que fala que nem tudo que Jesus fez foi escrito (Jo 21,25).

Nas curas, Jesus foi muito categórico, mostrou que era preciso arrancar a raiz do mal e não procurar soluções paliativas e momentâneas. Vejam a diferença da atitude de Jesus e a daqueles que procuram milagres que resolvam rapidamente seus problemas.

Arrancar o mal pela raiz exige uma colaboração séria e responsável, caminho que nem sempre as pessoas querem percorrer e até mesmo conflitam com interesses pessoais. Por isso, continuamos a viver numa sociedade ultraviolenta, com valores tão diferentes dos valores evangélicos, e continuamos a acreditar que Jesus tem obrigação de resolver nossos problemas, porque para isso ele tem poder. É a fé mais ridícula que pode existir, coisa mesmo de principiante, próprio de quem quer resolver tudo de modo rápido e sem custo.

4. Jesus nasceu no dia 25 de dezembro?

Todo o mundo cristão procura concentrar sua atenção nos fatos mais importantes da vida de Jesus; e o comércio que nos rodeia investe firme nessas comemorações, muitas vezes distorcendo ou desviando o sentido das mesmas.

O Natal é uma dessas comemorações que se desviam do seu sentido e acaba sendo uma oportunidade envolvente, mas distante do seu significado.

Comemoramos no Natal o nascimento de Jesus. O que sobra do nascimento de Jesus hoje? Temporada de festas, presentes, ceias, uma alegria que desafoga, um comércio rico e bonito de se ver. Do que realmente significa, pouca coisa sobra e poucas pessoas aprofundam esse significado.

Natal é lembrança da "plenitude dos tempos" em que Deus nos enviou seu filho como nova Luz para a humanidade e novo caminho de esperança. Nas palavras da Bíblia: "Um Salvador nos foi dado".

Nos primeiros tempos de Igreja não se falava em festa de Natal; o grande acontecimento era a Páscoa nova, passagem para a vida nascida da Ressurreição de Jesus. Por volta do ano 330 d.C. os cristãos começam a celebrar o Natal em Roma. A partir do ano 336 já há notícias históricas que atestam a aprovação da festa como parte da liturgia cristã. No ano de 354 é mencionada pela primeira vez no calendário.

Sabemos que o imperador Constantino decretou em 321 que o primeiro dia da semana seria festivo, dia dedicado ao deus sol, e se converteria no "dia do Senhor". Ele também decretou a festa do "Sol invencível" como a festa da vinda do sol verdadeiro que é Jesus. Essa festa iniciava-se a partir do pôr-do-sol do dia 24 de dezembro.

Os evangelhos dão notícias que possibilitam calcular o dia do nascimento de Jesus, como temos a chance de determinar a Páscoa.

Tudo isso é fruto da piedade cristã e de uma mentalidade da Igreja que ia, na medida de seu trabalho evangelizador, transformando as crenças e costumes pagãos em celebrações, visualizações e devoções cristãs. Uma boa idéia.

Hoje perguntamos o que poderia ser feito para despaganizar a festa do Natal e reconduzi-la ao seu sentido original e verdadeiro! Já ouvi muitas pessoas dizerem que a temporada de Natal é cheia de sofrimento! E como sofrem tantos pobres diante das vitrines pomposas, das propagandas do comércio e da TV, sem poder sequer ter algo para suas mesas no Natal.

"Deus amou tanto o mundo que nos enviou seu Filho" para nos ensinar o caminho do amor e da solidariedade. É preciso Jesus viver dentro de cada um de nós.

5. Via-Sacra: de onde vêm as estações?

Podemos dizer que o caminho de Jesus para o Calvário foi uma devoção muito cultivada pela piedade popular, que acentuava a Paixão de Jesus como o ato salvífico e o extremo amor de Deus por nós. Hoje percebemos que toda a vida de Jesus é um ato salvífico, e a importância maior tem a ressurreição como base da fé e início da grande caminhada da Páscoa.

Essa mudança teológica trouxe a reforma litúrgica da Semana Santa, outrora tão dolorosa, acentuando os passos de Jesus. A mudança não visava destruir o que havia de piedoso, mas dar-lhe o devido lugar. Na verdade, certas devoções acabaram ficando de fora e não mais se estimulou a celebração da Via-Sacra. Na Pastoral, devemos ter sempre em mente o refrão: "Não tirar, quando não temos o que colocar no lugar".

A Via-Sacra vem de longe, hoje ela tem 14 estações, mas já encontramos em escritos antigos que já tivemos três dezenas de estações. Hoje, em alguns lugares, já figuram 15 estações, a última lembrando Jesus Ressuscitado. Há aproximadamente 200 anos foram fixadas as 14 estações. Algumas nasceram de tradições e costumes antigos, outras foram tiradas das escrituras e outras, ainda, de lendas antigas, que não ferem a doutrina da Igreja.

Temos de lembrar que o Evangelho não se preocupa com a exatidão histórica e sim com a mensagem. Dessa forma, é possível que muita coisa só nos tenha chegado através da tradição ou através dos livros apócrifos. Assim são as três quedas de Jesus, a história da Verônica.

No século X encontrou-se em Roma um lenço com a estampa do rosto de Jesus. Daí até o século XIV decorreu o tempo suficiente para a formação da história do piedoso gesto da Verônica, que, ao enxugar a face de Jesus, dele recebera a recompensa: seu rosto estampado na toalha ou lenço. Não é contra a fé e não a prejudica. Se existiu ou não a diferença que faz é pouca, mas não deixa de ser um gesto formativo e piedoso.

Ninguém tem obrigação de percorrer o caminho da Via-Sacra, mas também não podemos condenar quem tem essa devoção. Até podemos aconselhar que pessoas tenham essa devoção como um meio de interiorização do amor de Deus derramado de forma tão abundante sobre nós.

A meditação da Paixão, tão recomendada por Santo

Afonso, ajuda-nos no crescimento do amor a Deus e nos leva a dar uma resposta de amor e compromisso. Por outro lado, sensibiliza-nos e prepara-nos para termos em nós os mesmos sentimentos de Jesus.

Lembramos que a paixão do mundo é a paixão de Deus. Jesus continua hoje sua Paixão em tantos que sofrem e formam a legião dos excluídos de uma sociedade sem Deus.

Igreja

1. Roma é o centro da Igreja; e as outras Igrejas?

O Cristianismo não nasceu em Roma, mas em Jerusalém. Após a descida do Espírito Santo sobre os apóstolos, inicia-se a grande caminhada da Igreja. Eles se tornaram testemunhas de Jesus não só na Judéia, mas em toda parte.

É curioso como Lucas já faz menção dos povos que, nessas alturas, já tinham recebido o Evangelho (At 2,1-11), além de dizer que os apóstolos foram testemunhas de Jesus "até os extremos da terra" (At 1,8). Por aqui se vê que nessa época o centro da Igreja é Jerusalém.

Com a destruição de Jerusalém no ano 70 d.C., ela deixa de existir, perde o seu significado como centro do Cristianismo, surgindo então outras cidades importantes com grande quantidade de comunidades cristãs, como Alexandria, Antioquia da Síria, Éfeso. No Apocalipse há referência às Sete Igrejas (Ap 1,10-13).

A história mostra como Roma, capital do Império Romano, assumiu a grande importância. Havia fácil acesso a Roma, grande concentração de comunidades cristãs, a tradição mostra Pedro e Paulo em Roma etc.

A partir do século IV, o bispo de Roma começa a ser reconhecido como sucessor de Pedro por parte dos Patriarcas das outras Igrejas do Oriente. Mais tarde recorrem a ele como instância superior para resolver dúvidas e pendências teológicas. Com isso Roma assume seu lugar como centro do Cristianismo, mas isso custou muitas lutas e dores que a "História da Igreja" mostra em seus textos.

Para nós não se trata de determinar o centro geográfico da fé, mas trata-se de perceber que o centro da fé é Jesus. Ele é o centro de cada Igreja. Cada Igreja tem sua importância e sua significação enquanto celebra a ressurreição do Senhor. No Apocalipse podemos observar que todas as Sete Igrejas são expressivas, são iguais, são importantes, são igualmente responsáveis. Veja o significado dos Sete Candelabros.

Se as brigas históricas ditaram outras regras, é momento de percebermos a realidade da prece de Jesus: "Que todos sejam um — que haja um só rebanho e um só Pastor". É hora da Igreja despojar-se do poder e de hierarquias e ser Igreja servidora. Hora de respeito mútuo, valorização mútua e de partilha. Onde está Jesus, onde o Espírito manifestar-se, aí está o centro ou aí será o centro.

Essas diferenças e certas exigências de todos os lados configuram-se como um grande escândalo no seio da Igreja de Jesus. Perguntamos até quando vamos precisar do poder para salvaguardar a integridade da doutrina, quando ela não depende de nós, mas do Espírito que conduz a Igreja.

2. Ecumenismo: um caminho possível ou uma utopia?

Estamos assistindo a uma virada na história da Igreja. O Concílio Vaticano II abriu o horizonte de onde se pode imaginar uma Igreja que se renova na sua doutrina, em sua estrutura e em seu testemunho. O Concílio Vaticano II mostrou que não é a unidade o caminho da expressão da verdade, mas essa aparece clara como vontade do Mestre também na diversidade.

Quantos pecados foram cometidos em nome da unidade e para preservar a sã doutrina. A história, mestra da vida, continua mostrando as chagas da Igreja e muitos não conseguem ler essas mensagens e continuam querendo a subserviência, a submissão e um conformismo incontestáveis.

Assim é que podemos ver com certo descrédito o projeto do Ecumenismo. Parece que não se fala a mesma linguagem. "Se, no diálogo ecumênico oficial, só forem apresentadas as concepções do Magistério papal, não respeitadas as amplas divergências teológicas existentes na vida global da Igreja, toda a iniciativa estará condenada ao fracasso" (Bernard Häring, "Minhas esperanças para a Igreja", p. 121. Editora Santuário, Aparecida-SP).

O Ecumenismo caracteriza-se pelo diálogo intereclesial. A Igreja põe tudo em aberto, sem ter medo de deturpar o tão cantado "depositum fidei" ou o medo de perder o direito de se entender como a única depositária da verdade. Por que não admitir que haja manifestação do Espírito também na diversidade?

Ecumenismo para impor nossas idéias e crenças é a forma mais velada de fazer proselitismo. Hoje há necessidade do diálogo com as Igrejas Irmãs para uma nova leitura dos Evangelhos. Hoje há necessidade do diálogo com as diversas culturas, pois elas podem trazer em seu seio "as sementes da Palavra", expressões da verdade de Deus. Há necessidade do diálogo para verificar o consenso entre os irmãos.

Como conseguir dialogar se os interlocutores não se colocam no mesmo nível e não se abrem para conferir as expressões de Deus geradas na diversidade de culturas e crenças?

Na volta que estamos fazendo à antiga disciplina, não será o Ecumenismo um discurso vazio? Como dialogar sem se abrir ao consenso dentro da própria Igreja? Como dialogar com uma Igreja que se ampara no legalismo das definições desconhecendo as mudanças dos tempos? Bem dizia um pastor latino-americano que o Ecumenismo é o maior disfarce que a Igreja inventou para fazer proselitismo.

Ao apresentar-se como Igreja Servidora, ela teria condições de fazer uma caminhada descobrindo e aceitando valores das diversas Igrejas irmãs e de pessoas sinceras que amam a Deus em espírito e verdade.

3. Cristãos na política: um direito ou ingerência?

Talvez o ranço histórico de uma Igreja no poder e de uma Igreja atrelada ao Estado seja o que prevaleça e provoque um arrepio em muita gente, quando falamos de política em nossas celebrações.

Há muitos que preferem uma Igreja espiritualista e ausente da vida do povo e dizem mesmo: "Não vim aqui para ouvir falar de política". Não se pode crer em má vontade dessas pessoas, mas sim em desconhecimento da verdadeira missão da Igreja, "Mãe e Mestra". Ela tem o dever de evangelizar apontando valores para a construção de uma nova sociedade.

Enquanto política for "a procura dos meios adequados e de valores para a organização da vida em comunidade", a Igreja, como sacramento de Jesus, tem o direito e o dever de alertar para os valores evangélicos como fundamentais em relação à dignidade da pessoa. Basta ler na vida de Jesus as diversas posições que tomaram os fariseus, doutores da Lei e o povo pobre face às investidas políticas dos discursos de Jesus. Desconhecer a atitude política de Jesus é reduzi-lo a um homem piedoso. É desconhecer a virada da história que esses discursos provocaram e continuam provocando. Jesus não veio satisfazer a piedade pessoal de cada um.

As situações do tempo de Jesus repetem-se hoje e provocam as mesmas atitudes em tantas pessoas que contestam a Igreja em nome de Deus e querem prendê-la entre as paredes da sacristia.

Não queremos cristãos participando de politicagem, como Jesus não recomendou aos seus discípulos a comunhão com a politicagem praticada pelos fariseus, verdadeiros donos do poder. Jesus porém não deixou de apontar caminhos, princípios, valores para a construção de uma sociedade mais justa e fraterna.

Nós queremos cristãos participando da política, ajudando nas instâncias dos diversos poderes e órgãos competentes no país. Não podemos aceitar a omissão dos que são capacitados e se ausentam da política por causa da face depreciativa que ela hoje apresenta.

Sabemos o preço que devemos pagar por tirarmos dos Evangelhos palavras que vão certamente incomodar aqueles que se assentam como juízes deste mundo, determinando o sucateamento de nosso país.

Sabemos o preço que devemos pagar por não entrarmos na ciranda que corrompe as pessoas e as leva a se beneficiar das posições que ocupam.

Essa exigência de que a Igreja se cale tem raiz na verdade já comprovada: "É a Igreja que tem credibilidade junto ao povo". Ela é a voz do povo martirizado, enganado por aqueles que se proclamaram paladinos e donos do poder.

Nós cremos na força do Reino de Deus que está presente no meio de nós, ainda que não em sua plenitude.

4. O Pluralismo rompe a unidade da Igreja?

Sempre professamos nossa fé na Igreja Una e Santa, acreditando que a unidade não seja identificada com uniformidade. O erro de identificar com uniformidade é que trouxe exclusões no seio da Igreja e tantos problemas que mancham sua história.

A Igreja do início realizou-se de diversas maneiras, concretizou-se de acordo com as circunstâncias históricas e culturais.

Parece que outra confusão vem do modo de conceber a Igreja. Uma coisa é o modo de conceber a fé, a organização eclesial; outra coisa é a sua realização concreta. Devemos notar que a Igreja define-se a partir da vivência da fé, manifestada em modos concretos. Por isso que as concepções diferentes de Igreja não são mais do que tentativas de concretização dos determinados modos de concebê-la.

As constantes diferenças que apareceram nas primeiras comunidades mostram modelos diferentes de Igreja; no fundo aceitavam o pluralismo dentro da unidade que se fundamenta em Jesus.

O problema, que ainda hoje continua, é que quem está convencido de seu modo de conhecer e viver a Igreja acaba excluindo os outros, pois acha que seu modo é único e verdadeiro. E aqui nascem as atitudes, mas tudo em nome da fé.

Parece que não se trata do zelo pela unidade da Igreja, mas de um erro grosseiro de conceito ou da necessidade do poder. O pluralismo pode romper a unidade da Igreja, mas é muito mais certo que poderá romper o poder dentro da Igreja, principalmente daqueles que se arrogam o direito de estabelecer os limites do certo e do errado, gerando a exclusão e ferindo a liberdade. Não pode, por acaso, o Espírito suscitar o Reino e a Verdade do Reino em quem não pensa como nós?

A Igreja nunca foi uniforme em sua concepção e em sua concretização. Quantos erros a história nos aponta. Erros provenientes desse falso conceito dos vigilantes da ortodoxia. Pedir perdão agora será suficiente? Olhem os remendos em panos velhos.

Penso que já passamos da hora de vivermos uma Igreja, e caminharmos para uma Igreja de serviço. Como também está na hora de descermos das cátedras e caminharmos juntos com tantas Igrejas Irmãs tentando discernir juntos as diversas manifestações do Espírito que sopra onde quer.

As estruturas da Igreja também devem estar a serviço da comunidade eclesial. Nada resolve encastelar-se nas estruturas e conceitos teológicos, ainda mais naqueles em que o povo já não acredita. Não é que o povo perdeu a fé, o povo tem também o sentido de Deus.

5. Todas as religiões são boas: o que dizer?

As pessoas às vezes justificam-se de sua prática religiosa ou da mistura que fazem de religiões, dizendo que todas as religiões são iguais e são boas. Fica no ar uma pergunta: será que Deus não revelou nada, não pediu nada à pessoa humana? Será que ele tem de se contentar com aquilo que as pessoas acham?

Acompanhando a Bíblia, vemos como Deus colocou-se e o que ele ordenou como caminho de realização humana e de relação com ele. Mas quem não conhece a Bíblia apresenta outro livro como revelação de Deus. O que dizer diante disso?

Precisamos distinguir entre a coisa em si e o que se passa dentro de cada pessoa.

Objetivamente falando, não podemos afirmar que todas as religiões sejam iguais, pois se fundamentam em verdades ou credos diferentes, e mesmo aquelas que nasceram de uma mesma fonte possuem variantes. Há um fundo igual, porque são crenças e comportamentos nascidos da lei natural que já está no coração de todos e de cada um. Sadiamente, ninguém vai matar, roubar etc., isso está no senso de cada um. Assim como todos rezam, têm suas práticas religiosas e suas virtudes. Mas, além disso, cada religião tem seu credo, sua ética, sua moral própria.

Assim sendo, objetivamente, não podemos dizer que todas as religiões são iguais ou que todas sejam boas. Basta nos lembrarmos daquelas que preconizam suicídios em massa.

O Concílio Vaticano II diz: "Cremos que essa única verdadeira Religião subsiste na Igreja Católica e Apostólica, a quem o Senhor Jesus confiou a tarefa de difundi-la" (*Dignitatis Humanae*, n. 1).

Por outro lado, sabemos que muita gente não vai conhecer Jesus, sua Igreja e seu Evangelho. Se muitas pessoas forem sinceras e tiverem o coração reto, elas se salvarão pela fé ou pela sinceridade de suas vidas.

A Constituição Conciliar *Lumen Gentium*, n. 16, diz: "Aqueles que ignoram sem culpa o Evangelho de Cristo e sua Igreja, mas buscam a Deus com sinceridade de coração e se esforçam, sob ação da graça, por cumprir na vida a sua vontade conhecida através de sua consciência, também esses podem alcançar a salvação eterna".

Contudo, não podemos radicalizar nem vulgarizar, afirmando coisas do tipo: "Agora vale tudo!" Por outro lado, não podemos também condenar facilmente pessoas que são corretas, que seguem por outros caminhos os ditames de sua própria consciência e não se afastam daquilo que, para elas, é sagrado e é expressão da vontade de Deus.

Isso também não impede nenhuma ação missionária e o esforço para fazer conhecido o Evangelho que tivemos a graça de receber.

6. Os donos da Igreja: o que fazer com eles?

Sempre admiramos o trabalho de muitas pessoas nas comunidades; dedicam tempo integral para o serviço, cuidam da capela, dos altares, das alfaias sagradas, da coordenação, do postinho de informação e anotações de missas e batizados, da evangelização nos setores. Pessoas de valor que merecem nosso apoio e respeito.

Mas nessas andanças missionárias encontramos verdadeiros donos do santo e das coisas da comunidade, que não permitem a ajuda e entrada de outras pessoas e não dão o seu lugar a ninguém. Gente que é dona até do lugar no banco da igreja. São "bispos e bispas" como dizemos em linguagem popular. Como explicar isso?

Poderíamos dizer que muitos são levados pelo medo de que outros estraguem o que fez até agora. Podemos pensar que sejam movidos pelo zelo, mas podemos pensar que sejam pessoas que se auto-afirmam exercendo o poder ou sejam pessoas desequilibradas que nem sequer percebem o que fazem e que não confiam na capacidade dos outros.

Essas pessoas precisam estar cientes de que são culpadas pelo afastamento de muitos da comunidade. Essas pessoas atrapalham a caminhada da comunidade e do grupo, formam guetos e igrejinhas, só elas sabem, só elas são capazes, só elas dão o palpite certo. Ninguém pode dizer nada, porque não aceitam ou porque não adianta falar com receio do que elas podem aprontar.

Todo leigo é chamado a servir à comunidade e na comunidade, mas cada um deve ter um "desconfiômetro" para perceber a hora em que ele está demais e já fez o que devia fazer. Não é glória para ninguém dizer que é ministro da Eucaristia ou cuida da capela há 20 anos. Bem diz o ditado popular: "Reza e esmola demais até o santo desconfia". Alguma coisa está errada aí e bem errada. Será que nessa comunidade não há ninguém capaz?

Quando essas pessoas são forçadas a entregar o cargo, quantas dificuldades criam, quantas críticas fazem e chegam até a se afastar da comunidade.

É bom que fiquem sabendo que não serviram à comunidade, mas a comunidade os serviu por tanto tempo. Serviram a si mesmos, a seu orgulho, sua vaidade. Já receberam sua recompensa. Não souberam fazer de tal modo que a mão direita não soubesse o que a esquerda fez. Quem sabe servir é aberto aos outros. Acolher é o primeiro verbo declamado por quem verdadeiramente ama a sua comunidade.

Para uma mulher que me disse que fazia trinta anos que cuidava do altar de Santa Rita, eu falei para ela morrer, porque havia tanta gente querendo cuidar do dito altar e somente assim haveria chance para elas.

Teologia

1. Uma teologia que não liberta e gera angústia não é de Deus

Existe o temor de Deus, mas bem distante das antigas aulas de catecismo, de teologia moral e das investidas nos confessionários com centenas de pecados mortais. Bem distante também dos sermões sobre o inferno, que fez muita gente cair em neuroses e não conseguiram deixar-se guiar pelo Espírito.

Carregar o povo de leis sem formar sua consciência para que a pessoa possa agir certo é repetir as atitudes dos fariseus, já condenadas por Jesus. "Vocês colocam pesados fardos sobre os outros e vocês mesmos não os carregam."

É preciso libertarmo-nos da angústia, do medo, das inquietações e da verdadeira tortura da observância das leis sem olhar o espírito. Essa neurose da observância pura da lei e da criação de novas leis e proibições bloqueia as pessoas que poderiam estar caminhando na mais perfeita liberdade e desacredita a própria Igreja.

A perplexidade e angústia diante de um Deus ameaçador são geradoras de uma religião de escravos, em que as forças libertadoras não aparecem, dando assim lugar ao complexo de culpa, sentimentos de medo, escrúpulos, que tiram a paz e a possível verdadeira reconciliação.

Cada dia percebemos que não somos livres em Cristo e nem somos curados. Necessitamos de cura e libertação. Não é justo usar o nome de Deus para impor obrigações e para tornar as pessoas dóceis e obedientes. Já tivemos de retornar e abandonar tantas coisas que antigamente, com facilidade, incutíamos na cabeça das pessoas como graves e merecedoras de castigo.

Em vez de formarmos a consciência, criamos uma geração de fácil manipulação, medrosa, sem capacidade para fazer um discernimento, massa de manobra nas mãos de manipuladores inescrupulosos em um mundo em rápida transformação, cujo objetivo é sempre obter vantagens ou se manter no poder religioso.

É de se assustar ao ver como pessoas acreditam com facilidade em revelações terroristas, nascidas de mentes doentias, que querem incutir nos outros seus próprios desacertos e neuroses, querendo que se convertam pelo medo das ameaças.

Falam de "nova evangelização" sem perceber que é impossível evangelizar de maneira nova e com conteúdo novo fora do esquema de uma franqueza pentecostal, corajosa e numa transparente procura de Deus, sem a qual não há verdadeira conversão.

Precisamos ainda descobrir a força terapêutica da graça, que através do Espírito é capaz de renovar todas as coisas.

A força animadora, paraclética do Espírito, faz descobrir na solidariedade para o bem, na expressão da não-violência, o caminho salvífico, que deve ser feito passo a passo, sem ameaças, no respeito à identidade e maturidade de cada um.

Lei

1. Quem salva é a Lei ou a Fé?

Para o judeu o cumprimento detalhado da Lei e de toda a Lei era o único meio de fazer com que Deus atendesse, ou se sentisse obrigado a atender, a recompensar a pessoa. A partir daí vinham as explicações para todas as coisas ruins que aconteciam: doenças, catástrofes e até a pobreza.

Não cumprir a Lei nos detalhes era estar longe de Deus e só podia receber de Deus o castigo. Era preciso cumprir os 613 mandamentos do que se devia ou não se devia fazer.

Parece que hoje a teologia de diversas Igrejas firma-se nesse fundamento para ler as doenças, os problemas e as catástrofes. Continuam ensinando que isso acontece porque desobedecemos a Deus ou fomos vítimas do demônio.

Em toda a teologia das Cartas, Paulo mostra sua experiência na descoberta de Deus que nos salva em Jesus. Ele morreu por todos, de modo que tudo é dom gratuito de Deus e ninguém merece nada, porque Jesus deu a vida por puro amor, gratuitamente. Termina aqui a teoria do merecimento; precisamos perceber que não é mais o cumprimento da Lei, mas a Fé traduzida nas obras que nascem do compromisso com Jesus que salva. Não se trata de compromisso com a Lei. Não se trata de merecer, porque é dom gratuito de Deus em Jesus; as obras são uma resposta a esse amor, uma indicação de aceitação desse amor.

A Lei dá lugar à Fé em Jesus e tudo o que fazemos está

cheio de reconhecimento e gratidão pelo dom que é Jesus. O que nos salva agora é a Fé não-abstrata, ela se concretiza no compromisso com Jesus, compromisso manifestado pelas obras. Essa é a teologia da Carta aos Romanos e aos Gálatas.

Precisamos ler os Evangelhos e descobrir nas controvérsias de Jesus com os fariseus o valor relativo da Lei, até mesmo para os judeus da época. Depois de Jesus qualquer lei é relativa e depende das expressões gratuitas da fé. Não adianta cumprir a Lei pela Lei, o que vale é o espírito que a vivifica.

Os católicos e protestantes por muito tempo conflitaram-se falando a mesma linguagem, mas entendendo diferente. Os protestantes falam que nós nos salvamos pela fé em Jesus, o mesmo que nós dizemos. Mas eles entendem que a fé manifesta-se nas obras da Lei de Moisés. Nós entendemos que a fé expressa-se nas obras que nascem do compromisso com Jesus. A distância é grande para chegarmos a um acordo, o que não dispensa a clareza.

Tudo é dom gratuito de Deus. Jesus é o Dom que mostra o amor de Deus por nós, amor sem limite, amor que nos salva.

É necessária a aceitação manifestada no compromisso de viver o projeto do Pai, como expressão da nossa adesão a Jesus e gratidão a Deus que nos amou primeiro.

2. Quem fez os Dez Mandamentos?

Ao ler a Bíblia, vemos que há diferença entre o que vemos e os nossos Dez Mandamentos. O que aconteceu?

Há dois textos que falam do Decálogo e são substancialmente iguais: Êxodo 20,17 e Deuteronômio 5,6-21. Eles se completam, embora sejam redações de origem diversa.

Alguns dizem que Moisés os escreveu por ordem de Iahweh; outros dizem que foi o próprio Iahweh que os escreveu nas tábuas de pedra. Aqui valem os mesmos critérios de interpretação dos demais textos da Bíblia: a inspiração é de Deus.

Há notícias de códigos semelhantes bem antes de Moisés. Assim vemos no "Livro dos Mortos", no Egito, formas que se deviam recitar ao chegar diante de Osíris. Os assírios tinham o costume de exorcizar os moribundos, e o sacerdote perguntava-lhes algo parecido com o Decálogo. Alguma coisa existia nas tradições populares, mas não como estatuto do homem livre, regulamentando o uso da liberdade e o relacionamento com os outros e com Deus.

Sem dúvida, nascem da inspiração divina, apresentando-se ao povo numa fantástica teofania no Sinai, acompanhada de raios, trovões, fogo, medo, nuvens, abalos sísmicos etc.

O Decálogo coloca o homem diante de sua consciência, e funciona como um balizante e elemento fundamental da constituição de um povo.

A forma atual é fruto das mãos de muita gente. Orígenes reuniu no primeiro mandamento a proibição da idolatria, culto de imagens. Dividiu em dois mandamentos a proibição de maus desejos: desejo da mulher e cobiça dos bens.

Depois dele, aparece Santo Agostinho, que nos dá a forma catequética que hoje temos.

Essas palavras são uma síntese de um modo ético do homem comportar-se, e elas dão a base dos elementos que vão entrar como orientações e leis para a organização do povo judeu.

Para nós, que vivemos na graça do Novo Testamento, o mandamento que substitui as Dez Palavras é o que Jesus nos deu, dizendo: "Eis que eu vos dou um novo mandamento, que vos ameis uns aos outros como eu vos amei". As Dez Palavras do Sinai não teriam sentido, se fossem contrárias ao Novo Mandamento do Senhor. É esse novo mandamento que dá sentido ao Decálogo dos israelitas e o faz atual também para nós.

Seria mesmo excelente se na catequese se abrisse o ensino com o Novo Mandamento, mostrando como o Decálogo está nele contido e por isso tem um valor inestimável para nós.

Como não entender hoje que o amor leva a não matar ou não destruir a vida em nosso planeta? Como seria mais fácil inculcar em cada criança que a destruição de qualquer forma de vida desequilibra o ecossistema? Deus é o Senhor da vida.

3. A Lei do Descanso é séria?

O medo da falta do necessário e a própria situação de impasse social levam muitos a se atirarem no trabalho para alcançar cobrir os gastos ou aumentar a economia doméstica. Acontece que a mentalidade consumista e outros anseios levam muita gente a não se dar o devido descanso, forçando sua natureza até o inevitável desgaste.

Temos dois textos bíblicos que conduzem o povo judeu a descobrir não só a necessidade do descanso, mas a necessidade de descansar a terra e toda a mão-de-obra. Depois desses, seguem muitos outros textos.

No Êxodo 20,8-11, Iahweh determina o dia do descanso. Entre as Dez Palavras aparece o dia de sábado com a conotação de um dia consagrado a Iahweh, que também repousou no sétimo dia.

Na versão deuteronomista (5,12-15) já há uma preocupação humanitária. Esses textos são suficientes para nos orientar.

A instituição do sábado é muito antiga. Há quem fale de existência pré-mosaica. Mesmo fixando em Moisés, sabemos que isso passa por uma evolução muito grande, conforme vemos em Am 8,4ss. e 2Rs 4,23.

Antes do exílio, o sábado era, para os judeus, um tempo de alegria e festa, dedicado ao culto divino (Os 2,13; Is 1,13), para visita aos santuários, para consulta aos profetas (2Rs 4,23).

Após a destruição do Templo, como o culto cessara, ganharam importância as instituições religiosas. No exílio, celebrar o sábado era o sinal que distinguia os judeus dos demais, um sinal de esperança na restauração de Israel (Is 58,13ss.; Jr 17,24-27).

Na época dos Macabeus, a observância assume proporções rigorosas; é o que vai encontrar Jesus em seu tempo: uma observância legal sem o espírito que vivificasse a lei.

Shabbat é uma raiz que significa "cessar, parar". Há quem diga que vem do "acádio" e tem o sentido de "estar cheio" (shabbatu).

Os judeus entenderam bem o que lhes era pedido: um descanso para a pessoa humana e para todo o ser criado. Shabbat era descanso. Após o exílio era também uma comemoração da libertação. Uma experiência de quem já foi escravo, ensinou uma vida diferente dos regimes de força e dos sistemas políticos.

Shabbat na versão do Êxodo quer dar um basta ao trabalho escravizante, mostrando que ele não é o fim de tudo. Tudo deve descansar. Mostra que tudo é um serviço à vida e aponta nova relação social igualitária. Isso nos faz pensar nesse espaço sagrado do descanso, ao qual muitas pessoas não têm acesso. Seja no nosso sábado, seja no domingo, o descanso é sagrado não só para a pessoa, mas para a criação. Hoje estamos tirando da terra as ricas reservas num desejo destruidor de possuir muito. Falta respeito pelo universo onde vivemos. É preciso descobrir o quanto se é escravo hoje. Perdemos o sentido do sagrado e da festa. É preciso dizer: "não só de pão vive o homem..."

Bíblia

1. Bíblia: única fonte de fé?

O fundamentalismo leva sempre à radicalização. A descoberta da Bíblia por parte de grupos religiosos leva ao extremo apego à letra, à palavra como a única fonte de fé.

A Bíblia é experiência de um povo, de uma comunidade, experiência da descoberta de Deus, de Jesus. Essas experiências foram trabalhadas, vividas e escritas tantas vezes após longo tempo de transmissão oral.

Há todo um trabalho que pode ser comparado ao da descoberta da revelação de Deus na Bíblia. Ela traz tudo o que era necessário para nossa salvação e para nos inspirar a construir nossa história no tempo de hoje.

Mas a Bíblia não é a única fonte de fé. Muita coisa não foi escrita do que aconteceu com Jesus; essas coisas foram guardadas na memória do povo e foram transmitidas de pessoa para pessoa ou nas pregações nas primeiras comunidades.

Todo esse conjunto de verdades que completam a Bíblia nós conhecemos através da tradição. Por isso, a tradição consiste também em uma fonte de fé em consonância com a Bíblia. A tradição nunca vai contradizer a Bíblia, mas completa e ajuda a compreendê-la.

Da maneira que a Bíblia foi escrita, após longo tempo e há muito tempo, temos dificuldade em entender e descobrir verdades reveladas por Deus. Para isso há os estudiosos que, sob orientação da Igreja, vão aprofundando-se no estudo dos textos bíblicos e através do estudo comparativo dos costumes e de textos paralelos nos dão uma nova versão ou compreensão dos textos bíblicos. Não entendemos os evangelhos sem um estudo do tempo de Jesus, dos costumes e tradições dos judeus.

A Igreja orienta os estudos, as pesquisas religiosas. Ela recolhe o consenso do povo a respeito de uma verdade. Dirige para a correta leitura e interpretação das escrituras. Isso se faz através do que chamamos "Magistério", que para nós é mais uma fonte de fé.

Essas três fontes completam-se na apresentação da doutrina de Jesus, num cuidado muito grande pela conservação da integridade da fé. Há necessidade de uma docilidade muito grande por parte do Magistério da Igreja e dos estudiosos para a ação do Espírito Santo. Segundo Jesus, o Espírito Santo ensinaria-nos toda a verdade e o sentido do próprio Jesus. Ninguém de nós é depositário total das verdades da fé, mas todos nós, movidos pelo Espírito Santo, podemos ajudar nos estudos e discernimentos.

O culto da palavra é tão perigoso como o culto desordenado de imagens. Temos sempre de evitar radicalizações.

2. A história de Adão e Eva é verdadeira?

A Bíblia é um livro que contém a Verdade, mas não significa que tudo o que nela está escrito seja literalmente verdade. Sempre se deve considerar a intenção do autor sagrado, para quem ele escreve, os costumes da época, a linguagem comum e o significado disso naquele tempo. São o que chamamos de "gêneros literários".

Do livro do Gênesis temos de perceber o que Deus quis ensinar; através de pequenas histórias a mensagem de Deus é transmitida seguramente, e na época eles tinham mais facilidade de ler essas mensagens. Assim vemos as figuras de

Adão e Eva, que a própria Bíblia nos induz a entender que Adão significa "feito de barro" e Eva significa "mãe de muitos".

Na carta *Humani Genesis* (1950) Pio XII já abre a possibilidade de pensarmos em vários casais e não em um casal apenas. Não há como ensinar como fato estabelecido.

Não há respostas na Bíblia; quem devia responder era a antropologia. O número nada tem a ver com a intenção da Bíblia, que não se preocupa em contar histórias no sentido estrito, mas procura trazer a mensagem. A resposta certa cabe aos antropólogos.

O que conseguimos apurar como verdade fundamental é a ação de Deus Criador que fez a pessoa humana a sua imagem e semelhança e a colocou num estado de comunhão perfeita consigo, numa natureza equilibrada. Deus comunicou sua vida pela força de seu espírito, sopro divino.

Não há como ficar com a criação de um único casal ou de tomarmos a Bíblia literalmente, ao pé da letra. Vamos enfrentar impasses piores ou semelhantes aos "dias da Criação" quando em confronto com a ciência moderna.

Se ficarmos com a leitura literal vamos discutir com a ciência e a lógica sem definir como no caso do ovo e da galinha: quem veio primeiro?

Alargando nossos horizontes da leitura bíblica podemos aceitar as conjecturas e as descobertas da ciência sem conflitos. E a verdade que nos interessa continua a mesma: Deus nos comunicou a vida e nos chamou para vivermos em comunhão com ele. Ele nos deu esse poder.

Quanto às figuras de Adão e Eva, elas são o contorno e o gênero literário que descrevem e desenham a ação de Deus.

Fé

1. Dúvida: perda da fé ou uma crise?

O problema parece-me que não é o ter dúvida, mas o de externar, manifestar a dúvida a quem já não entende, porque aumenta a confusão.

Há dúvidas que são benéficas, pois exigem de nós uma procura de esclarecimentos. Ajudam a entender alguns pontos, a progredir no caminho. Tratamos aqui de dúvidas na religião.

Existem dúvidas sem razão, gratuitas; dúvidas que são frutos da superficialidade com que se dedica a conhecer as verdades da fé. Há outras dúvidas que nascem da procura da resposta em lugares errados ou mal-informados sobre o assunto. E levantar dúvidas é a coisa mais fácil que existe, basta dizer: será que...?

Há aqueles que colocam dúvida em tudo, assim justificam sua consciência a respeito do que fazem ou ficam livres para não fazer nada. Não falamos aqui da doença, dos doentes que passam por dúvidas atrozes e não encontram saída, porque o problema está dentro deles mesmos.

Há também dúvidas sérias que manifestam a ansiedade de quem busca a Deus e as coisas de Deus com sinceridade. São dúvidas saudáveis, nascem do desejo de conhecer mais e de se aprofundar no esclarecimento da fé. Não há por que reprovar quem é sincero; temos de ajudar essas pessoas, orientá-las, pois essas dúvidas podem ser um passo para se conseguir a lucidez na fé. Elas nos provocam e preparam uma nova descoberta de Deus.

Temos de ter cuidado ao expressarmos nossas dúvidas sinceras, pois poderemos atrapalhar pessoas que nem sequer pensaram. Elas ou se escandalizam conosco ou ficam também perturbadas com o que dizemos. Devemos falar com quem nos pode esclarecer ou orientar por um caminho correto.

Há muita gente desorientada pela má informação ou indicação de pessoas despreparadas que usam até os meios de comunicação para darem as indicações a quem tem seus problemas.

O cristão pode ter suas dúvidas na fé; isso não é pecado e nem significa que perdeu ou está perdendo sua fé. Há aqueles que nunca tiveram qualquer sombra de dúvidas na fé; há outros que vivem atormentados constantemente por dúvidas e incertezas. Isso pode ser um problema do próprio temperamento, insegurança, desequilíbrio ou algum outro distúrbio. Essas pessoas devem encontrar um orientador seguro e permanecer sob a orientação dele.

O teólogo tem por missão a pesquisa teológica, está sempre levantando o véu do sagrado com suas especulações à procura do bem e da verdade; ajuda-nos a caminhar.

As dúvidas de Nossa Senhora na aparição do anjo levaram-na a procurar as respostas, e sua atitude aponta-nos o caminho: a aceitação de Deus acontecendo na vida. É por aí que temos de caminhar. Mas o melhor mesmo é rezar e pedir: Senhor, que eu veja!

Santos

1. Rezar para os santos: um costume ou uma necessidade?

Há na religião atitudes que são necessárias porque expressam aquilo que acreditamos e são fundamentais, como a participação na comunidade, o testemunho da fé. Há outras atitudes que são costumes e expressam nossa piedade, nossa sensibilidade religiosa.

O culto aos santos é um costume piedoso que manifesta nosso respeito, nossa crença na ressurreição, no poder da intercessão dessas pessoas que viveram a fé, e que dessa forma nos servem de modelo.

Não há referência bíblica ao culto dos santos, a não ser em Esdras, sobre rezar pelos mortos. Mas há uma memória constante sobre Abraão, Isaac e Jacó etc. Paulo chamava de "santos" todos os cristãos das primeiras comunidades.

Quanto à mediação entre Deus e os homens, na carta a Timóteo, Paulo diz: "Há um só Deus e um só mediador entre Deus e os homens" (Tm 2,5). Nós, católicos, não colocamos os santos como mediadores no lugar de Jesus; eles são intercessores, modelos de quem conseguiu viver o Evangelho.

Não somos responsáveis pelo exagero de alguns que se expressam mal com sua devoção aos santos e imagens. Tudo vai depender da significação que damos ao que fazemos.

Por volta do ano 100 d.C., aparece o culto aos mártires.

Os cristãos reuniam-se ao redor do túmulo de um mártir para celebrar o dia de seu martírio, considerado o dia de seu nascimento.

No começo a lembrança do mártir era celebrada apenas onde ele viveu, com o tempo a devoção espalhou-se para outros lugares conforme os favores que recebiam, ou a devoção de algumas famílias. São Policarpo foi, pelo que consta, o primeiro mártir a receber o culto de sua comunidade de Esmirna, antes da proclamação oficial da Igreja; isso porque antes era a comunidade que declarava seus santos.

Hoje a Igreja oficializou o culto aos santos. Antes de declarar alguém santo, a Igreja faz um exame acurado e cuidadoso da vida dessa pessoa. Ela quer apresentar alguém que tenha vivido o Evangelho de forma exemplar.

A intenção em cultuar os santos fundamenta-se no comportamento natural das pessoas que gostam de cultuar seus heróis, pessoas que se distinguiram de alguma forma. Tem a intenção de destacar pessoas que conseguiram transformar o Evangelho em vida. Mostrar a crença na comunhão de todos, principalmente na intercessão dos santos.

Hoje principalmente os mártires modernos têm muito a nos dizer, porque apostaram tudo no Evangelho e não tiveram medo de perder a vida para testemunhar sua fé e sua luta pelo Reino. São modelos de pessoas que tiveram um ideal e lutaram para vencer a situação de injustiça, pobreza generalizada, principalmente na América Latina.

Há pessoas que não acham importante o culto aos santos, embora isso faça parte de nossa cultura; mesmo assim os santos não deixam de ter sua importância e significado para nós. Mas tudo tem seu limite e seu tamanho.

2. Gostar de imagens: falta de cultura ou um gesto bom?

Todo exagero faz mal. Sempre encontramos pessoas que extrapolam ou agem sem saber o alcance e o significado do que fazem. É o caso do uso de imagens e o culto aos santos.

Imagem é um tipo de linguagem universal, mais segura e menos frágil que a palavra. A fácil compreensão da imagem fez com que a humanidade expressasse sua cultura através de figuras, desenhos. Assim nos passaram suas crenças, histórias e cultura.

E não foi sem sentido que a Igreja usou esse meio de linguagem para repassar sua catequese e sua doutrina, quer substituindo figuras do culto pagão, quer expressando momentos significativos de fé na vida de algumas pessoas ou cenas bíblicas.

A intenção foi sempre boa, porque visava sensibilizar as pessoas para a realidade da fé. O caminho do povo com seus santos e devoções sempre teve e tem seus exageros, nascidos exatamente da falta de cultura e do desejo e necessidade de proteção cravados no coração das pessoas. Mas há alguns elementos básicos que devemos fixar:

1. Imagem de santo não é ídolo (a menos que a pessoa o faça). Ídolo diz respeito à concepção da pessoa e à ideologia que está por trás disso. Nenhuma expressão é transformada em Deus.

2. Imagem é uma expressão cultural de nossa crença. Nossos santos são pessoas que viveram o Evangelho dia-a-dia e enfrentaram, por causa da fé, as injustiças do mundo, mostrando um caminho, uma saída para os problemas e dificuldades de cada época.

3. Como expressão cultural de uma crença, a imagem lembra-nos a comunhão dos santos de que falamos na profissão de fé, que chamamos "Creio em Deus Pai".

4. Ninguém é obrigado a cultuar os santos e nem a ter imagens consigo. E até é bom que nos restrinjamos um pouco nessa questão de ter imagens, porque há verdadeiros exageros. Imagem não tem poder, é uma evocação, uma lembrança, uma fotografia.

Nós somos uma comunidade de salvação: os vivos e os mortos. Eles que já gozam da ressurreição podem interceder por nós. Tudo o que fazemos de bom serve também para os outros, santificando a vida da comunidade.

A televisão oferece-nos continuamente uma boa quantidade de heróis, verdadeiros ídolos com pés de barro, durando pouco na memória do povo. Eles pouco ajudam na construção de uma vida digna e de uma sociedade mais fraterna e humana. Por que não podemos exaltar a memória daqueles que nos abrem caminho e nos ensinam como viver solidários e a construir uma sociedade mais justa e fraterna?

Imagem dos santos é expressão gostosa de nossa piedade e devoção popular; expressão de uma cultura que para nós tem muita importância.

3. O que é um santo?

A piedade cristã nos rodeia de santos das mais variadas qualidades. E os que têm menos cultura facilmente transformam os santos em pequenas divindades. Eles acabam perdendo o seu sentido verdadeiro que é o de nos levar a Deus através de uma vida honesta mais ou menos extraordinária.

Os santos são pessoas humanas como nós. Viveram nesse mundo, tiveram sua luta de cada dia, suas quedas, suas fraquezas, seus heroísmos. Temos santos em todos os tempos, com todos os dotes e em toda cultura. Todos eles nos mostraram através de suas vidas novos caminhos para seguir Jesus, nova maneira de viver o Evangelho. Eles foram uma bênção.

Alguns marcaram muito sua época, como Santo Afonso, Santo Inácio, São João Bosco, São Francisco, pelo caminho que traçaram, pelas expressões de suas vidas, pela doutrina que transmitiram. Outros viveram a vida na simplicidade do dia-a-dia, mesmo assim mostraram às pessoas como se pode seguir o Evangelho.

Todos eles nos mostram que temos de levar a sério o chamado de Deus.

Há santos que o povo declarou santo e há aqueles que são declarados santos pelo Ministério da Igreja.

Antigamente dizia-se que devia ser apresentado como

modelo de fé, de caridade, de vivência evangélica. As pessoas viajavam pouco, desenvolviam suas vidas junto do povo, assim o próprio povo reconhecia suas virtudes e os declarava santos e santas. Outros foram firmes na fé enfrentando o martírio, o que fez com que as pessoas os venerassem como santos.

Hoje o Ministério da Igreja reservou-se esse direito de apresentar alguém à veneração pública como santo. Após longa pesquisa sobre a vida de uma pessoa, seus escritos, pregações, doutrinas, e após alguma intervenção extraordinária desta pessoa, a Igreja a declara santo ou santa. São processos caros e custosos. São modelos que a Igreja coloca para nós, para que nos animemos na luta.

Não podemos porém ficar presos nisso, pois nos cercam multidões de santos que nunca chegarão aos altares e continuam vivendo o Evangelho com amor. São pessoas que estão em comunhão com Deus, vivem a generosidade do amor, são uma bênção para nós e nos estimulam a sermos bons e procurarmos viver a vida de Deus na solidariedade com os irmãos.

Pecado

1. Como posso saber se cometi pecado grave ou não?

A resposta a essa pergunta depende do ponto de partida. Se sou adepto das velhas listas de pecados leves e graves, fica fácil responder, pois basta ler a lista e encontrar entre os mencionados como graves. Mas onde ficam os três pontinhos da antiga catequese?

Ela ensinava que para haver pecado grave era necessário "ter matéria grave, pleno conhecimento e pleno consentimento". Eram condições capazes de mostrar o que era um pecado grave e também limitava muito a possibilidade de cometê-lo. Nessas condições só os instruídos eram capazes de cometer um pecado grave.

Podemos hoje partir para outro ponto: a solidariedade da salvação e a opção fundamental.

Se nos esquecermos da solidariedade da salvação, o homem se inclinará para a solidariedade da condenação. Entra aqui o mistério da redenção abundante que jamais poderá esgotar-se. A conversão cristã jamais se reduzirá ao individualismo do antigo "Salva a tua alma", ao legalismo, mas leva a pessoa a atuar solidária em todas as questões.

Por outro lado percebemos a necessidade de que aquele pecado signifique uma opção fundamental, uma decisão radical, uma mudança de rumo criando raízes no coração humano para um agir.

Assim fica fácil responder a quem nos pergunte se cometeu ou não um pecado grave. Basta ver o que aquilo significou e qual era o sentido da decisão tomada. Como basta ver o grau de consciência que a pessoa tinha no momento.

Se a pessoa tem boa vontade e quer viver realmente sua fé em vista do Reino de Deus, mas que, apesar da boa vontade, veio a falhar; e se, após a falta, ela mantém uma boa orientação fundamental de seguir seu caminho, sua aspiração, essa pessoa pode confiar que está na graça de Deus.

Mais do que o ato em si, devemos ver e sentir o significado desse ato. Mais que a preocupação individualista, precisamos perceber a decisão constante e o esforço continuado no empenho em favor da paz, da justiça, o envolvimento pela não-violência e conservação da vida. Precisamos sentir que a pessoa não quis a maldade e nem se decidiu por ela.

Não se pode ter a presunção de definir as fronteiras entre pecado grave e leve, mas ver as motivações e o grau de responsabilidade no ato e a inserção na solidariedade da salvação.

Já passamos a época da preocupação com a salvação individual; hoje nos preocupa que todos se salvem e lutamos para que todos recebam a abundância da redenção. Bem que disse Jesus que o julgamento será na base da caridade: "Eu tive fome... Eu tive sede... Eu estive doente..."

2. Maus pensamentos são mesmo pecados?

Muita gente boa vive atormentada pelos tais "maus pensamentos". Desde criança estamos ouvindo dizer que são pecados. Aqui faz falta fazer distinção e entender de onde nascem os pecados.

Todo pecado nasce única e exclusivamente da maldade. Quem não tem consciência da maldade, não peca. E onde não existe maldade não existe o pecado. Podem existir imperfeições e falta de virtude que vão dificultar uma vida mais santa.

Se houver maldade, qualquer pensamento consentido já

é pecado. Jesus falou que quem olhasse uma mulher com maus desejos, já cometeu o pecado em seu coração. Mas Jesus colocou que tudo está na maldade do desejo, do pensamento.

Nem sempre temos pensamentos limpos, bons. Temos alguns pensamentos que nos assustam e que nunca pensamos que poderíamos ter. E, às vezes, esses pensamentos, que não procuramos e nem quisemos, continuam atormentando-nos o dia inteiro e dias seguidos. O que pensar disso? Não conseguimos dominar e controlar nem a fantasia nem os pensamentos. A fantasia trabalha com e sem nossa licença, por isso a chamamos de "a louca da casa". Os pensamentos também não dependem de nossa vontade.

Quando os pensamentos vêm em nossa cabeça, eles não são nem maus, nem horríveis, nem feios; são apenas pensamentos. Eles aparecem, e não tendo o nosso consentimento e a maldade de quem os procura não são pecados, nem falta de virtude ou presença de Deus em nós.

Temos de afastá-los porque podem levar-nos para a maldade e podem causar danos a nós e aos outros, principalmente os pensamentos de ódio e vingança. Se bem que, às vezes, tentamos afastá-los e eles não nos deixam.

Aqui basta a lucidez de saber que não aceitamos os "pensamentos maus". Eles que fiquem rodando até desaparecerem. Nesse caso, a oração, a comunhão e o trabalho muito ajudarão a nos libertar.

Talvez a repetição desses pensamentos mostre-nos as áreas que precisamos trabalhar dentro de nós; as tendências temperamentais, os lados mais frágeis de nossa vida.

Sem pensar não ficamos um minuto, e no meio de tantos pensamentos, nossa natureza às vezes surpreende-nos com pensamentos assustadores e surpreendentes. Temos de lembrar que somos seres humanos e limitados em nossa capacidade de ser e de amar. E, por isso mesmo, Jesus vem ensinar-nos o caminho que, aos poucos, nos leva à superação desses impasses e nos faz sentir que somos livres em Cristo.

3. É pecado ser rico?

No mundo onde vivemos, observamos que há pessoas ricas e pessoas muito ricas. Por outro lado, percebemos que a pobreza desce até a miséria. O mais triste de se ver é que muitos ficam ricos à custa dos pobres.

Não somos contra os ricos, mas também não aceitamos a teologia da prosperidade que ensina que a riqueza é uma bênção de Deus; em contraponto à pobreza, que seria a falta dessa bênção.

Parece que Jesus, em diversos textos, está contra os ricos e os ameaça com a exclusão do Reino. Não podemos falar assim fazendo uma leitura não-exata dos textos bíblicos. Temos de contextualizar. A análise da situação no tempo de Jesus permite ver bem o que ele queria dizer, e a lição serve para nós em nossos tempos. No tempo de Jesus havia a exploração dos pobres, o acúmulo de riqueza nas mãos de alguns, e diziam que o que possuíam era por bênção e proteção de Deus.

Deus criou tudo e viu que tudo era bom. Lembro-me de uma frase bem catequética, escrita num muro: "Deus criou o mundo e o diabo inventou a cerca". O dinheiro é um meio para se alcançar o desenvolvimento, o bem-estar para todos e não só para alguns privilegiados. O mal está em nossa atitude face ao dinheiro.

Porque temos ou conseguimos o dinheiro, acreditamos que podemos usá-lo como bem entendemos. Porque temos dinheiro, temos também direito ao luxo, ao supérfluo, esquecendo-nos que a sobra não nos pertence, pois pertence aos pobres.

Um dinheiro que favoreça o luxo e o desperdício é o que Jesus condena. E mais ainda: condena a idolatria do dinheiro e do poder. Também é condenado o meio usado para conseguir o dinheiro. Por que alguns que ajudaram a adquirir o dinheiro não têm parte naquilo que ajudaram a conquistar? É ruim a desculpa que muitos usam para se justificar: eu trabalhei... Há pessoas que trabalham a vida inteira e não conseguem ganhar o que muitos desperdiçam em um ano. Quantos meios ilícitos e desonestos são usados para alcançar a riqueza! Temos também de condenar o materialismo em que muitos vivem, a ambição que cega muita gente.

É abençoado o dinheiro que gera emprego digno, que cai em suas mãos como fruto do trabalho. Não é pecado ser rico, desde que se entenda que o resultado de seu trabalho tem uma destinação social e o supérfluo não lhe pertence e tem de chegar a quem de direito, que são os pobres.

Não podemos aceitar uma sociedade que exclui os pobres do bem-estar e dos direitos fundamentais de toda pessoa humana. Aqui fica bem lembrar o comentário de Jesus sobre a precariedade da vida: O que adianta ganhar o mundo inteiro?

4. Desperdício de água: um pecado novo?

Quem nunca sentiu falta, dificilmente pode valorizar a água. Para aqueles que a natureza não foi tão pródiga, a água é o grande presente, a grande bênção de Deus.

É difícil conscientizar aqueles que nunca ou raramente enfrentaram dificuldades com a falta de água. Ela entra no cotidiano de tal forma que a usamos sem pensar, por isso mesmo sem dar-lhe o devido valor. Já passou da hora de limparmos nossos rios criando a purificação de esgotos, de aprendermos a defender as nascentes de água, a não poluirmos nossas águas. Para muitos limpeza significa atirar para a frente o lixo que se produziu.

Hoje já podemos falar em falta de água no planeta. Os abusos são muitos e essa bênção de Deus pode escapar-nos pelos dedos da mão. É comum andarmos pelas ruas e notarmos os desperdícios de água (por exemplo: lavar calçadas empurrando o lixo com jato de água em vez de usar uma vassoura para o lixo mais grosso). A preguiça, a falsa eficiência faz com que as pessoas varram o lixo com a pressão da água. A consciência é essa: tem água demais, vamos gastando sem preocupação. Vamos falar a verdade: é necessário lavar as calçadas todos os dias?

Faz falta às donas de casa conscientizarem as empregadas para que aproveitem o tempo que sobra em outra atividade, ao invés de ficar horas e horas desperdiçando água na frente das casas. Vassoura também limpa. Devia ter uma multa bem pesada para quem gasta água sem necessidade.

A privatização da água em algumas cidades do primeiro mundo já está dando o que falar, porque com as privatizações aparecem os custos reais. Todo tratamento de água tem um custo e esse custo é repassado tanto aos irresponsáveis como aos que economizam água. E se houvesse economia, o tratamento podia ser mais qualificado e mais adequado.

É esse um dos pecados modernos, desperdiçar a água que temos ainda em abundância. Embora uma vassoura e uma mangueira de água sejam uma terapia, são uma terapia cara e com altos custos para o ecossistema. Deus não castiga, mas a natureza responde à altura da depredação e da manipulação que sofre.

Você já pensou no valor de uma torneira com água ou de um olho d'água que nasce em seu pedaço de chão? É mais uma bênção de Deus, merece respeito e carinho de todos nós.

Recompensa e castigo

1. Moral de recompensa ou castigo: um caminho ou uma aberração?

Em nossa cabeça perdura ainda a velha frase que ora nos enchia de alegria, ora nos colocava medo: “Se você for bom, Deus lhe dará o céu; se você for mau, Deus castiga”.

O medo do castigo faz com que as pessoas não amadureçam sua fé. E como há pessoas que gostam e até precisam viver sob a pressão do castigo! Não seria pura vaidade a pessoa poder dizer: “Hoje fiz muitas boas obras, por isso mereci o céu”?

Quando lemos em Paulo que ninguém pode pronunciar o nome de Jesus se não receber uma graça para isso, assusta-nos uma teologia que ensinava que nós conseguiríamos a recompensa por qualquer esforço que fizéssemos. Isso se aproxima muito da teologia de algumas igrejas que prometem a salvação com facilidade e convencem as pessoas de que estão salvas pelo simples fato de dizer que aceitaram Jesus.

Quem somos nós? Já navegamos muito através das nove sextas-feiras e nove sábados para garantir a salvação ou trocá-la pela fidelidade a nove dias de novena. Essa redução de doutrina já prejudicou muito o amadurecimento religioso e já ajudou muita gente a abandonar sua fé, quando percebeu que isso não tem fundamento num raciocínio normal. Em se tratando de salvação, sabemos que tudo nos vem gratuitamente.

A generosidade será sempre a melhor resposta a Deus por nos ter escolhido. Jamais conseguiremos fazer algo que nos faça merecer a graça que é Jesus. Ele é dom gratuito, dom do amor do Pai.

Não posso considerar um hino de louvor e gratidão a vida de quem procurou ser bom só para garantir o céu ou merecer a bênção. Veja como foi gratuito o pai de família que deu o mesmo salário para quem trabalhou desde cedo e para quem chegou na última hora.

Seria muito mais correto pensar nesse Deus que nos ama e nos procura sempre, do que agir pelo medo de um possível acerto depois.

O sistema de recompensa e castigo torna as pessoas servis, escravas e favorece a manipulação do sagrado dentro da Igreja. A história mostra certas fases da vida da Igreja em que isso a marcou como uma chaga vergonhosa. Até que ponto manter esse estado de coisas que mais parece uma das estratégias para manter o poder?

A graça do Espírito não só nos libertará de todas as servidões das leis e obrigações humanas, mas nos conduzirá gratuita e docemente pelos caminhos de Jesus.

A fé é libertadora; é para pessoas livres. Servir desinteressadamente a Deus e à Igreja é um forte apelo para viver no louvor e na ação de graças: "Vós me fascinastes, Senhor, e eu fiquei seduzido".

Só a animação da força do Espírito nos faz produzir os frutos do amor.

Obediência

1. É preferível uma obediência cega ou um caminhar consciente?

Ainda é muito comum colhermos o resultado de tantos anos de catequese não-libertadora: "Padre, isso é pecado?" ou "O que é pecado grave?" E o que dizer dos piedosos livros de orações que traziam listas inteiras de pecados com suas conseqüentes graduações?

Está na hora de trabalharmos a consciência das pessoas, dando princípios e valores evangélicos e fazendo perceber a escolha que devem fazer, uma opção livre e total. Uma opção por determinados atos faz cair na velha preocupação de salvar só sua alma, quando hoje devemos optar por uma solidariedade salvífica. Além de que, devemos respeitar as circunstâncias e a capacidade de discernimento e de liberdade das pessoas.

Isso exige uma nova concepção e corajosa decisão por uma ética da responsabilidade própria para um cristão de maior idade. Exige uma nova postura face à obediência. A decisão e o discernimento responsáveis purificam a obediência e fazem mais dócil e honesta a escuta da Palavra de Deus e a percepção dos sinais dos tempos. Isso faz a diferença entre obediência cega e obediência responsável.

Como continuar obrigando a participação nas missas dominicais, sem discernir e perceber os impedimentos naturais e possíveis a que estão sujeitas as pessoas na sociedade moderna?

Antes de qualquer lei, Deus já gravou sua lei natural no coração da pessoa humana e por mais que se definam os pecados, somente a pessoa, no sagrado de sua consciência, é que vai dizer o que lhe é realmente bom ou mal e qual foi sua definitiva opção.

Podemos balizar a estrada, mas não podemos fazer o caminho para ninguém. Sabemos como é muito mais fácil determinar os pecados ou dizer que é pecado ou não é pecado, do que fazer um trabalho lento para mostrar como se poderia realmente ter pecado ou ter evitado o mesmo. Se tivéssemos certeza de que tudo isso que falamos em nome de Deus, realmente Deus tivesse falado, seria bem mais seguro orientar as pessoas. Mas quantas coisas, pelo estudo, vamos vendo que não passa de pura especulação ou armação.

Devíamos ter o temor de Deus e reler o Deuteronômio para perceber que não devemos tomar o nome de Deus em vão. São dois os respeitos que devemos ter: respeito a Deus e respeito à dignidade da pessoa humana.

A obediência de Jesus não foi obediência a uma imposição do Pai, mas uma amorosa opção por seu plano misericordioso. Ao deixarmos a comunhão com o plano do Pai, certamente optamos pela destruição.

A estrada pode ser mais longa, mas é mais segura a chegada.

Homossexualismo

1. Homossexualismo é pecado, doença ou depravação?

Esse é um assunto que muita gente tem receio de comentar, foge disso. Desconhecer não é o caminho, uma vez que são realidades que podem acontecer dentro de nossa família.

No início é um susto verificar que alguém de casa é homossexual. Uma reação violenta leva-nos a excluir e condenar essas pessoas não dando a elas o direito de viver, direito de ter uma família e uma vida integrada na comunidade.

Todas as atitudes de exclusão e condenação são contrárias ao Evangelho que pede que sejamos misericordiosos. Não podemos correr o risco de condenar ninguém, muito menos aqueles que nem Deus condena.

Hoje progredimos muito no conhecimento dessa questão. Passamos a entender que não se trata de uma perversão e nem sequer de uma doença. Embora não tenhamos toda a clareza que precisamos para emitir uma opinião, as informações de hoje levam-nos a crer que seja uma questão genética. Ninguém se torna, mas já nasce assim. Não se pede para nascer homossexual.

Nossa atitude face ao homossexual deve ser evangélica, que nos leva à misericórdia (Lc 6,36), tal que saibamos acolher os que encontramos. Jesus não discriminou, nem marginalizou ninguém. Por isso qualquer posição de intolerância nos distanciará do Evangelho.

Deus ama a todos, não condena, não discrimina. Não podemos ter postura farisaica de quem "coa um mosquito e engole um camelo" ou se apoiar na lei e se tornar juiz do irmão.

Podemos pedir a eles que sejam discretos, pois todos temos de evitar os escândalos e atitudes que provocam as pessoas.

Infelizmente, a sociedade discrimina e não trabalha tais situações. As atitudes são sempre radicais, violentas e descaridosas. Esquecemos as palavras de Jesus: "... as prostitutas e pecadores públicos vos precederão no Reino dos Céus".

Ninguém está pregando a depravação e a difusão de maus costumes, simplesmente estamos recomendando e pedindo que aprendamos a acolher essas pessoas que, por situações que não escolheram, são diferentes do que habitualmente chamamos de normal.

O amor acolhedor ajuda a pessoa a superar problemas, dificuldades. Assim através de uma boa acolhida e aceitação, dentro dos limites que a situação exige, essas pessoas vão viver conosco, serão felizes e não sentiremos o peso de ter excluído um irmão. Limites que eu digo são a discrição, a modéstia, o bom senso, o senso de oportunidade a que nós todos estamos sujeitos. Lembramos que essas pessoas não criaram essa situação, não vão responder por um erro genético que não lhes permitiu ser igual a nós.

2. A Bíblia condena o homossexualismo?

Uma leitura fundamentalista e descontextualizada da Bíblia, ou seja, uma leitura ao pé da letra, leva-nos a concluir que ela condena o homossexualismo.

Qualquer depravação, maldade ou deturpação que se aninhem no coração humano, a Bíblia condena, sem contudo condenar as pessoas por um respeito muito grande a cada um.

Esses textos bíblicos que são comumente citados surgiram em épocas em que não se tinham as informações que temos hoje. Não se conheciam bem nem a origem e nem o próprio fenômeno.

No tempo de São Paulo o homossexualismo era incentivado e valorizado, isso fez Paulo reagir em seus escritos. Não havia mesmo razão para permitir que se continuasse a divulgação como prática recomendada. Por outro lado, não estaria no mesmo contexto a proibição de as mulheres cortarem os cabelos, usarem calças compridas, descobrirem a cabeça e a submissão incondicional aos maridos? E quem condena hoje as mulheres por cortarem os cabelos?

Uma coisa é a lista das práticas pagãs, outra coisa é o fenômeno que temos hoje em fase de uma compreensão maior. É assim que temos de ler 1Tm 1,9-10; Ef 5,5; Gl 5,21.

No Antigo Testamento precisamos distinguir os textos que são legislativos dos que são narrativos e pretendem elucidar questões. Textos que não entram no mérito das questões. Há diferenças claras se partimos da argumentação na ordem do "ser" ou do "fazer".

Assim vamos tentando ler Gn 19,1-11; Lv 18,22 ou 20,13; Jz 19,11-30. No caso de Sodoma tudo nos leva a crer que aí o pecado foi a violação da hospitalidade.

No entanto, para certas pessoas nenhum argumento é válido. Não há quem leve alguns a fazer uma leitura diferente da Bíblia e muito menos a aceitar possíveis interpretações. Esses vão continuar usando os textos bíblicos para condenar irmãos de quem não foram constituídos juízes.

Para essas pessoas podemos dizer que a prática de Jesus não foi a de condenar ninguém, mesmo no caso dos fariseus. Condenada foi a cegueira, como também a fuga de encarar a verdade. Essa atitude de Jesus desautoriza qualquer pessoa a condenar o ser humano. Podemos aprovar ou desaprovar externamente, mas não podemos entrar no santuário da consciência das pessoas, onde só Deus entra e fala.

Prostituição

1. O que está errado na prostituição?

A prostituição é tão antiga quanto a existência do mal no mundo. A pessoa humana deixa-se levar pelo instinto, descontrola-se e parte para a apelação.

Está dentro da pessoa essa inclinação para o mal, que acaba tornando-se uma segunda natureza. Quando o homem não quer agir movido pela inteligência, ele se iguala aos animais e produz uma série de atos que repugnam o ser humano. Isso sem falar daqueles que já nascem desequilibrados ou doentes mentais.

O que nos leva a procurar uma realização pessoal é um sadio projeto de vida, no qual o amor é o fio condutor de nossas ações. É assim que a pessoa organiza-se para viver feliz. O amor leva-nos a controlar nossos instintos e desejos, a organizar nosso relacionamento, a perceber o outro ao nosso lado, a ver a dignidade de que se reveste a pessoa humana.

Quando perdemos isso de vista, ficamos à mercê de nossos instintos e paixões, perdemos o sentido humano da vida, perdemos o contato com o mundo.

A prostituição é filha desse desequilíbrio. O outro devia ser um caminho de realização, e acaba sendo objeto de uso ou objeto de comércio. É uma situação criada pelo descontrole da pessoa, pela necessidade de sobrevivência ou pela exploração escravizante do ser humano. Não é um caminho, é uma doença da sociedade. Ela desrespeita a pessoa humana e a fere em sua dignidade, impedindo-a de viver de uma maneira digna. A prostituição degrada a pessoa.

Não justifica a "consciência" de quem paga pelo serviço de uma prostituta. É mais desrespeito ainda. As pessoas, às vezes, estão nessa vida por motivos alheios a sua vontade. É uma grosseira coisificação da pessoa, um atentado que não tem justificação.

As práticas sofisticadas de prostituição não deixam de demonstrar a falta de sensibilidade em perceber o seu caráter desumano. É uma prática animalesca e degradante. Não condenamos a prostituta, porque não nos compete julgar, mas condenamos o comércio que existe ao redor de homens e mulheres escravos de restos humanos que promovem a prostituição.

O que dizer de pais que empurram seus filhos, com a desculpa de que devem aprender e se iniciar na vida, a freqüentarem prostíbulos. Perdem, desde cedo, o respeito pela mulher e o respeito por si mesmos. Pessoa humana não é objeto nem animal de experimento.

Na prostituição está tudo errado, porque há o desrespeito pela vida e pela dignidade humana.

Gravidez precoce

1. Gravidez de adolescentes: uma nova moda?

Hoje somos invadidos por inovações e modas. Alguns acham que o esclarecimento sobre o comportamento sexual é muito importante. Mas de que adianta introduzir as crianças e enfronhá-las nas questões de sexo, quando não temos uma orientação segura e correta, e princípios que falem do respeito e da dignidade da pessoa humana?

Parece que tudo foi liberado. De fato tudo deve ser dito e mostrado, mas sem esquecer que toda pessoa tem uma dignidade e merece respeito, que a vida é dom e também merece ser respeitada.

É melhor aprender em casa, antes de aprender na rua. E rua, para nós, é a escola, é a TV, é a internet, são as pesquisas que comercializam a pessoa. Rua é tudo o que escapa do amor e do respeito pela pessoa.

Assim podemos ficar surpresos sobre o que hoje chamamos de moda: uma adolescente aparecer grávida em casa. Se acontecer dessa forma, está desmoronando-se a casa. As reações são as mais imprevisíveis e vão desde a agressão, o aborto, até ao casamento.

Estamos colhendo os frutos da permissividade que cultivamos dentro de nós mesmos e dentro de nossa casa. Sempre achamos que o que nos ensinaram era moralismo exagerado e não soubemos achar o equilíbrio. Filho de peixe, peixinho é. Estamos colhendo o resultado da falta de formação religiosa e de vivência religiosa, na qual Deus é Pai bondoso e nós, adultos, somos, na prática, retratos e presenças vivas dessa bondade.

Agora temos de ter o que não se teve antes: respeito à vida. Vamos caminhando junto com nossa adolescente, dando todo apoio e tentando devolver a ela o gosto pela vida e o amor pelo filho que, embora não tenha sido fonte do amor e da responsabilidade, também não pediu para ser fruto de brincadeira, de modismo e de falta de respeito de quem o gerou.

Como será a vida dessa menina? Não sabemos. Talvez seja o resultado do que conseguirmos ser para ela a partir de agora.

Mas nem tudo terminou para essa adolescente. Ela deve levantar a cabeça e assumir a gravidez com amor e carinho, e perceber que a partir desse gesto generoso pode reconstruir sua vida e ser muito feliz. Seria um grande erro partir para um casamento, uma vez que não tem maturidade o suficiente para realizar uma boa escolha em relação à pessoa que deve acompanhá-la pela vida.

Pode ser que mais tarde dê tudo certo, ou seja, um casamento feliz com o mesmo namorado, mas é prudente esperar continuando o namoro, encontrando-se para um conhecimento maior entre os dois e melhor adaptação.

Acho que essa adolescente é a pessoa mais indicada para dizer às outras jovens que entrar nessa moda é prejudicar qualquer sonho e arriscar a perder sua própria dignidade.

Confissão

1. Confissão: posso escolher o padre ou não?

Convém admitir a crise no Sacramento da Penitência. O povo aos poucos vai perdendo a idéia da necessidade da confissão ou dos benefícios que esse sacramento traz.

Uma das causas que contribuem para o agravamento da crise é a antiga pastoral da confissão, exagerada em suas exigências que tornavam a confissão um verdadeiro tormento. Além disso, o confessor se transformava em juiz, com direito de determinar pecados, não respeitando a consciência sagrada de cada indivíduo.

O que dizer dos confessores neuróticos que descarregavam no povo suas crises pessoais, seus problemas e seus achaques. Como era doloroso esperar na fila a vez de se confessar e mais dolorosa a incerteza sobre o que iria ouvir lá dentro do confessionário.

Santo Afonso, mestre dos confessores, desenha a figura e o perfil do confessor como um homem de Deus, espelho de misericórdia, cópia viva do Cristo (médico divino), pronto para acolher, reconciliar e derramar sobre as pessoas a "copiosa Redenção" — amor abundante de Deus.

Como podemos chamar de sacramento da paz e da reconciliação, da misericórdia, os momentos em que um impaciente e irrealizado confessor dedica-se a atender o povo?

O povo tem todo o direito de procurar e escolher o sacerdote para a sua confissão. E pode usar a velha saída, que nós sacerdotes bem conhecemos, a tal falta do confessor, que permite comungar apenas com um ato de arrependimento unido ao propósito de se confessar logo que haja um confessor.

Quem vai ser o responsável pela onda de escrupulosos criada pelos catálogos completos dos manuais de teologia e devocionários? E pelo desastre provocado pela atitude antievangélica de muitos confessores? Padres pastores ou mercenários, o que nos oferecem como ajuda para a nossa libertação?

Por que após uma celebração comunitária da penitência, com absolvição dos pecados, ainda continuam exigindo a confissão individual logo que puder? Confissão comunitária perdoa ou não perdoa? Onde estão os padres que fazem as leis para atenderem seis ou oito horas de confissão por dia nas épocas de festa? Fazer leis e colocá-las nos ombros dos outros é muito fácil. E na realidade o povo quer confessar-se, o problema é achar padres disponíveis.

Estamos realmente longe da solução dessa crise do Sacramento da Penitência, embora já se façam sentir o renascimento desse sacramento como festa de paz e reconciliação, experiência da misericórdia do Deus que nos ama primeiro. Está na hora de respeitar a consciência das pessoas e pôr a mão na massa.

2. Confessar os pecados: que dificuldade!

Há pessoas que ficam muito tempo sem se confessar, porque não sabem como fazer e o que fazer. Acrescente a isso o medo de não ser bem acolhido e a aversão normal de falar os próprios erros para outra pessoa.

Cada um tem o direito de escolher o padre para a sua confissão. Acontece que, às vezes, não temos escolha, porque não há padre disponível ou só está presente aquele que não inspira muita confiança.

Mas a dificuldade nasce mais do fato de a pessoa não saber como se confessar. Pode mesmo levar uma chamada de atenção, porque não está preparada para receber o perdão.

Nesse sentido, vejamos: a primeira coisa que você deve fazer é olhar a vida tentando perceber os pecados e erros cometidos desde a última confissão. É o exame de consciência. Não é possível haver confissão ou conversão se não sabe o que fez ou como está sua vida. Não há necessidade de uma lista de pecados para ajudar a descobrir os erros, a consciência já fala onde estão esses erros. Veja os erros graves e depois tudo aquilo que não o deixou feliz e que atingiu também os outros.

Em seguida, reze pedindo perdão. Não é preciso decorar um ato de contrição. Reze com suas palavras, de coração. Diga a Deus que está percebendo seus erros e que vai fazer um esforço para deixá-los. Diga também que vai mudar para melhor. Confessamo-nos para receber o perdão e mudar de vida, de atitudes.

Ao procurar o padre, diga quanto tempo faz que confessou e declare a ele seus pecados. Não invente, não enrole. Se tiver dificuldade, peça que o ajude. Responda às perguntas que, por acaso, ele lhe fizer, escute seus conselhos e ponderações, receba o perdão e cumpra a penitência dada.

Muitas pessoas não têm pecados graves, principalmente aquelas que se confessam sempre. Por isso, não fique procurando pecados onde eles não existem, peça ao padre que renove o perdão e vá em paz.

Resta ainda o problema dos pecados esquecidos. Muitas pessoas preparam-se para a confissão, mas acabam esquecendo de algum pecado. Isso não as impede de receber o perdão. O que não pode acontecer é que a pessoa esconda ou omita alguns erros ou um pecado grave. É sinal de falta de arrependimento, logo, a confissão não valeu.

A vergonha é, às vezes, um grande empecilho para uma boa confissão. Veja o padre como um amigo e a confissão como um momento feliz, em que Deus coloca a mão em você, curando suas feridas e aliviando seu coração. Tenha confiança na força renovadora da confissão. Se foi mal acolhido, procure outro sacerdote. Não abandone esse sacramento da misericórdia do pai. O que importa é ser perdoado e recomeçar a vida.

3. Confissão Comunitária perdoa mesmo os pecados?

A celebração comunitária do perdão é uma riqueza que a Igreja recupera, abrindo assim as portas da misericórdia divina e levando nós todos a perceber mais a dimensão comunitária da salvação. Ninguém se salva sozinho, mas é unidos em Cristo que somos regenerados e conduzidos à comunhão com a Trindade Santa.

No arrependimento nos dispomos a receber o perdão de Deus, que nos vem através da comunidade. Embora haja outros meios de alcançarmos o perdão, um dos meios mais frutuosos é a confissão com o sacerdote.

Hoje, a Igreja recupera antigos ritos penitenciais comunitários, nos quais, em comunidade, celebramos a misericórdia de Deus, a dimensão comunitária da salvação e recebemos o perdão sacramental. São as "tais confissões comunitárias".

A dúvida aparece a partir do fato de não mencionarmos os pecados; fica a impressão de que não fomos perdoados. É a confusão que fazemos, pois, ao relatarmos nossos pecados, fazemos também um desabafo que funciona como uma terapia, dando alívio e a impressão de que, a partir disso, fomos perdoados.

Não se pode confundir confissão com terapia ou direção espiritual, nas quais recebemos orientações. Tudo isso pode acontecer junto com uma confissão, mas não necessariamente.

Há diversos modos de acontecer a confissão comunitária. Há quem dê o perdão a todos simultaneamente, há quem individualize. Isso não muda o sacramento, que acontece dentro de uma celebração, através da qual as pessoas refletem, rezam, conscientizam-se de seu estado e se propõem a uma mudança de vida ou de valores. Cada um recebe o perdão.

Outro problema surge com a leitura do decreto que orienta as "Confissões Comunitárias", no qual se prevê uma confissão comunitária apenas e logo a seguir uma confissão pessoal, individual.

Precisamos entender que nem sempre há possibilidades de sacerdotes atenderem em suas paróquias as enormes demandas de confissões pessoais. Estão sozinhos nas paróquias e usam o recurso da confissão comunitária para não deixar seus fiéis sem esse sacramento. Com isso, acontecem séries de confissões comunitárias, o que alguns padres condenam criando problemas na consciência do povo.

Se esses que elaboraram o texto tivessem uma paróquia grande, eles iriam ver que, mesmo atendendo diariamente, muita gente iria ficar sem confissão.

Penso que aqui vale a visão pastoral e a misericórdia. Em vez de deixar as pessoas sem a oportunidade do perdão, o sacerdote zeloso deve mesmo criar muitas oportunidades de dar o perdão para quem o procura da forma como for possível. Não podemos impedir o acesso ao sacramento. Onde não houver a possibilidade da confissão individual, vamos abrir as mãos como pudermos.

Jejum

1. Jejum e abstinência de carne: por que fazer?

A prática do jejum não é tão nova que possamos criticar como desnecessária. Se não fazia parte do receituário religioso, fazia de terapias para alcançar o domínio sobre os sentidos.

No aspecto religioso já conhecemos o jejum como caminho de penitência, conversão e também como parte de um treinamento dentro do antigo caminho de ascese para conseguir controlar os sentidos e alcançar alguns degraus de santidade.

No Antigo Testamento o jejum ocupa lugar importante no ritual da dor, do luto. O jejum acompanhado de orações era sinal de arrependimento ou meio de alcançar as graças de Deus. No Levítico 16,1-31 (Nm 29,7) há prescrição do dia de jejum como dia do perdão e da expiação.

Jesus já criticava o ritualismo farisaico de quem jejuava, porque estava desligado da prática da justiça e da solidariedade. Isaías já criticava e propunha o novo caminho de libertação na justiça e no repartir o pão. Vale a pena ler o texto (58,6-7).

Por outro lado Jesus jejuou, o mesmo fez João Batista e seus discípulos. Mas parece claro o sentido que Jesus e Isaías deram ao jejum: não a prática ritual do jejum desligado da vida, da prática da justiça e da solidariedade. Parece que acontecendo isso não há necessidade do jejum. Caso contrário o jejum tem o sentido de denúncia da injustiça que está acontecendo, do essencial que está faltando à sociedade.

O Novo Testamento não gasta palavra com o jejum, aparece apenas em momento de oração para decisões.

Na Igreja temos uma tradição de jejum como o caminho penitencial e a prática de ascese. Abstinência de carne é apenas uma praxe que já devia ter desaparecido, porque abster-se de carne o pobre o faz todo dia, e o rico, no dia da abstinência, a substitui por algo melhor.

Na realidade latino-americana, na qual uma grande porcentagem da população já passa fome e já faz outros sacrifícios e carrega tantas cruzes, não há como exigir o jejum e a abstinência, de carne.

O jejum tem sentido se deixo de comer e reparto com os outros. Privar-se de alguma coisa tem sentido na medida em que outros, os mais necessitados, recebam o suficiente para o seu sustento básico.

Realmente é fácil cair no ritualismo e na falsa piedade de quem cumpre a Lei e de nos sentir culpados se não a cumprimos, desconhecendo a dura realidade do pobre que jejua o ano inteiro ou vive pressionado por um mísero salário para sustentar sua família por um mês.

Hoje há tanta gente fazendo jejuns e dietas por pura exigência de saúde ou capricho de manter a forma e a beleza. Lindos e formosos deviam ser os cavalos de Salomão. Na Bíblia há a história do pobre Lázaro que recolhia as migalhas da mesa do rico. “Ai de vós, fariseus hipócritas” (Mt 6,16-18).

Julgamento

1. Por que não podemos julgar os outros?

Cada um de nós julga-se capaz de muitas coisas. Temos inteligência; somos capacitados para analisar fatos, acontecimentos. Mas há muitas pessoas que deviam perceber o limite de suas capacidades. Não sabemos tudo, nem temos condições de julgar e opinar sobre tudo.

Quando se trata de julgamento, temos de saber que ele impõe o conhecimento dos fatos, das intenções das pessoas, de sua capacidade e liberdade para fazer desse ou de outro modo.

Ninguém pode julgar os outros, porque, mesmo vivendo a vida inteira com alguém, não podemos dizer que conhecemos essa pessoa. Dentro de cada um há um mundo maravilhoso e, às vezes, desconhecido até do próprio indivíduo.

É um mundo feito pela visão de cada um, pelos dons e qualidades, pelos condicionamentos e riquezas genéticas, pelos traumas e percepções pessoais. Quem conhece bem esse mundo que acompanha a pessoa em todas as suas ações e opções?

Podemos observar — de dentro ou através de nossa ótica — até dizer que tal coisa está errada, mas julgar não podemos. Estaremos julgando a intenção, a visão, a consciência da pessoa.

Por isso mesmo que desde o Êxodo, Deus já proibiu o

julgamento das pessoas, e Jesus volta a nos ensinar, através do incidente da mulher adúltera, que ninguém deve julgar ninguém: *"Nem eu te condeno..."*

Acontece que, ao ver certos posicionamentos e atitudes de alguns, dentro de nós, sempre vamos emitir um parecer. Mas isso é interno e quanto menos fizermos um julgamento da pessoa, melhor para nós. É essa atitude de respeito pelo outro que devemos ter.

Uma pessoa faz certas coisas que nos assustam, nos entristecem ou nos causam revolta. Vamos julgar e condenar?

Se essas pessoas tivessem a mesma formação, as mesmas oportunidades que tivemos, até poderíamos arriscar um palpite. Mas talvez fossem melhores e fizessem coisas muito mais bem-feitas que nós.

Jesus mesmo falou na Bíblia *"os pecadores públicos e as meretrizes nos precederão no Reino dos Céus"*.

Ninguém foi constituído juiz. O amor deve levar-nos a um grande respeito pelo outro. Esse respeito pela dignidade de cada pessoa nos faz acolhê-la com paciência, compreensão e carinho.

Matar pelo juízo que fazemos é uma forma sutil do mandamento: *"Não matarás"*.

Anticristo

1. Vinda do Anticristo: uma especulação ou uma fantasia?

O povo simples cria figuras, histórias e fantasias. E assim se formam as crendices. Nessas crendices está o Anticristo que deverá vir no fim do mundo; figura, que assim interpretada, carece de fundamento bíblico.

Os dois textos do Novo Testamento que falam do Anticristo "que está para vir" (1Jo 2,18-22) ou "o espírito do Anticristo" (1Jo 4,3) não se referem a essa figura caracterizada como sinal do fim.

Pelo que vimos já na segunda Carta de João, no versículo 7, fica claro que não se trata de algo futuro, mas de algo já presente; são os semeadores de dúvidas sobre o Messias, mais claramente sobre a Encarnação de Jesus.

Pode ter sido misturado com boatos criados por narrações apocalípticas comuns na época em que apareceram essas crenças no Anticristo.

Pôr em dúvida a Encarnação de Jesus é derrubar o fundamento da fé e destruir toda a caminhada das primeiras comunidades. Ao negar Jesus, negam todo o projeto de Deus.

Havia mesmo uma expectativa muito grande, no início, de que se estava próximo do fim de tudo. E a falta de segurança ou, quem sabe, a preocupação de que não houvesse dispersão fizeram surgir essas crenças.

As expressões bíblicas sobre o Anticristo podem muito

bem ser aplicadas aos tempos de hoje, em que há tantos sedutores que procuram afastar o povo da verdade da fé e dos bons costumes, confundindo as pessoas ou semeando falsos valores ou trabalhando uma religião do medo, da descrença total.

Não será novidade o ter de conviver com todos os tipos de Anticristo hoje. Teremos os falsos profetas, especuladores, aproveitadores da boa fé e da simplicidade do povo.

As pessoas precisam ter o senso de Deus para perceber o que vem e o que não vem dele. O Espírito Santo pode suscitar profetas e profecias mesmo fora da Igreja, mas eles nunca se distanciarão dos valores do Evangelho ou da Lei Natural gravada no coração de cada um.

Há muitos lobos vestidos em pele de ovelhas. Queremos lembrar que a religião do medo não é o culto ao Deus verdadeiro que Jesus ensinou a chamar de *"Abba"* — Pai querido!

Para todos esses e para os visionários temos de lembrar as repressões de Jesus aos fariseus: "Ai de vós" (Lc 11,37-52).

Batismo

1. Não sou casado, posso batizar meu filho?

Dada à situação em que vivem muitos casais, essa é uma preocupação e uma pergunta constante.

Não há normas canônicas que impeçam ou dificultem; há orientações pastorais um tanto exigentes que alguns sacerdotes transformam em leis.

Deve haver compreensão dos dois lados e deve haver também um diálogo que esclareça as situações e posições criadas.

Todos sabemos da importância do sacramento do batismo e do compromisso que dele nasce. Não tem mesmo sentido alguém pedir o batismo para seu filho, se ele mesmo não se compromete e não se esforça em viver o seu próprio batismo com os seus compromissos. É melhor deixar a criança crescer e fazer a sua própria opção mais tarde.

Ela será batizada, quando criança, mas não tem alcance de saber ou de viver sua fé pela falta dos pais que não são religiosos.

Por outro lado, sabemos de situações em que as pessoas não podem se casar no religioso, outros nem devem se casar, pois falta a um deles as condições necessárias. Isso acontece muito entre os recasados.

Uma conversa direta com o pároco, não com a secretária, pode esclarecer o fato, e o padre pode averiguar a verdade, inclusive a situação religiosa desses pais.

Convém também dizer que há muitos batizados que não deviam ser feitos, pois o que aparece de pais e padrinhos, não oferece a mínima condição para um sacramento. É gente que está aí porque é costume batizar e fazer a cerimônia. Os tais cursos de batismo dão uma boa catequese, mas essas pessoas são tão despreparadas que não conseguem captar o que lhes é falado. Fazer o que nessa hora?

Quem procura o batismo para seu filho devia ter um bom relacionamento e poder dizer ao pároco com sinceridade: "Queremos batizar nosso filho na fé que nós temos e vivemos".

A criança, às vezes, vira uma boneca nas mãos de pessoas despreparadas. Sem falar daqueles que já chegam com pressa e querem tudo rápido e, se possível, com muitas fotos e sorrisos.

O pároco pode batizar seu filho quando percebe que há uma reta intenção, há uma vida cristã entre os pais e entre os padrinhos, dessa forma ele tem certeza de que não administra em vão um sacramento tão importante.

Sendo consciente, a pessoa livra-se de embaraços desagradáveis. Do contrário, não coloque seu filho numa fria: numa Igreja em que você não vive, numa fé que não lhe diz nada.

Matrimônio

1. Casar ou não casar: eis a questão.

Hoje podemos dizer, sem receio, que 85% dos casamentos celebrados na Igreja não são sacramentos, pela falta de condições consideradas essenciais para que haja sacramento.

Há pessoas que se preparam em tudo, menos na sua consciência, não têm certeza sobre o que realmente querem para sua vida. Dessa forma, vemos preocupações com fotógrafos, flores, convidados, músicas e entrada triunfal; e pouca preocupação com o que vai acontecer em nível da Graça de Deus. Ajunte a isso uma canseira em preparar a festa, viagem de núpcias...

Mas fizeram o curso de noivos! O que fazer quando no curso de noivos percebem que não pode haver casamento, quando se esclarecem os motivos pelos quais iriam casar-se e agora sabem que não vai dar certo? Desfazer tudo agora? Onde está a coragem para assumir o vexame? "Seja o que Deus quiser" e Deus ainda tem de assumir o estrago!

Nem falemos daqueles que não percebem nada, não analisam nada, eles querem casar-se. E o resto?

Aí entram gatos e lebres: imaturidade, falta de consciência de que estão recebendo um sacramento, coação moral e até física, engano de pessoa, fugas de situações desagradáveis, obrigação moral.

Coitada da jovem que acreditou que iria colocar aquele homem nos eixos ou que, depois do casamento, tudo mudaria.

O que falar dos infantis, meigamente apaixonados que, entre as juras de amor, acreditam não ter problema morar debaixo da ponte!?

Temos de ter a coragem de dizer para muitos que não se casem, não sejam insensatos. Vão viver juntos e quando se sentirem maduros, procurem sua paróquia para transformar tudo em sacramento. Temos de ter coragem para enfrentar pais sonhadores ou rancorosos que não aceitam que seus filhos não se casem. Eles também são culpados dos fracassos que acontecem a partir disso.

Também está na hora de a Igreja repensar sua legislação sobre o matrimônio. A Igreja que é tão solícita com os seus filhos, hoje continua vendo esse desmando e tenta remediar com esses imensos e longos processos de declaração de nulidade do matrimônio. Processos caros, longos, exigentes, a que poucas pessoas têm acesso, sem falar das exigências descabidas de alguns Tribunais Eclesiásticos. Será que precisamos de tudo isso? Bendita Igreja, sem ruga e sem mancha, "aggiornata" como queria nosso Papa João XXIII.

2. Relações pré-matrimoniais fazem parte do noivado?

Muitos dizem que para o amor não existe lei. De fato, não se amarra o amor nem sequer é possível regulá-lo através de leis. Mas o amor depende da leitura que se faz dele. Muita coisa se faz em nome do amor, e com o tempo se percebe que amor era a única coisa que não existia.

É muito fácil falar de amor e pensar que se ama, quando a pessoa não consegue analisar e perceber os verdadeiros motivos e o que está por detrás das palavras. Acho que muita gente nem sabe o que é amor e age na confusão produzindo desgraças.

O noivado é um tempo de maior comunhão e de acertos. Falamos que é tempo de adaptação cultural, religiosa, ideológica, afetiva e psicológica. Tudo no noivado vai em direção a um compromisso maior, por isso entramos na privacidade (quando é possível) um do outro, para assim podermos olhar juntos para a mesma direção.

Esse tempo é muito rico e valioso, porque, deixando de lado as primeiras paixões dos primeiros encontros, começamos a análise, a partir da qual descobrimos as riquezas, os limites, a capacidade de suportar conflitos e de administrar defeitos. Descobrimos em nós e no outro. De nada adianta ter alguém ao nosso lado para a vida inteira, se nosso temperamento, nosso gênio, nossa capacidade mental e psicoafetiva não se adaptam a ele. Pode ser a melhor pessoa do mundo, mas não é a que nos ajuda a viver.

É claro que ao nos aproximar do outro, gerando maior comunhão, ganhamos também maior liberdade em face dele. E isso, na área afetiva, pode levar a passar dos carinhos mais pessoais às tão comentadas relações pré-matrimoniais.

Essas relações não fazem parte do noivado. O noivado não as legitima nem as justifica. Elas até mesmo podem comprometer o noivado, porque a pessoa, entusiasmada e atraída por essa experiência, pode acabar perdendo a lucidez para analisar o próximo passo, a pessoa do outro e a oportunidade que gera o casamento. A necessidade criada por essa experiência é tão forte que muitas pessoas que se casam percebem o erro que cometeram só depois do casamento, quando os impulsos da paixão deixam de exercer atrativos.

Seria tão bom se as pessoas conseguissem chegar ao casamento sem essas experiências. Não falamos aqui de casos especiais, aos quais até aconselhamos viverem juntos um tempo antes de partirem para o casamento. Nem falamos de culpa. Apenas mostramos que sem essas experiências o noivado pode ser excelente.

3. Relações pré-matrimoniais: um erro ou um pecado?

Falar a partir do ponto onde começa o matrimônio é essencial para tratarmos de relações pré-matrimoniais. E aqui nós temos a discussão entre teólogos moralistas e pastoralistas. Para alguns, o matrimônio já começou com a realização do ato conjugal; para outros, ainda vai longe.

O que parece óbvio é que há uma diferença entre o permitido ou o possível aos noivos e às pessoas solteiras e descompromissadas. Ninguém vai dizer que a intimidade entre as pessoas que namoram há cinco ou seis anos tem o mesmo peso que entre as pessoas que estão iniciando seu namoro. Como ninguém vai falar que quando um fala de amor se pode entender no mesmo sentido que o outro que é iniciante. A credibilidade torna-se maior com o tempo de namoro, bem como o compromisso que se vai gerando entre ambos.

Na prática, mesmo que a doutrina da Igreja restrinja esse relacionamento ao matrimônio, as estatísticas mostram que a maioria ignora essa posição e olha o vínculo sério já estabelecido entre o casal.

Essa prática aponta alguns valores que devem ser levados em conta:

— quando há uma relação de confiança, lealdade, dedicação e amor colocada à prova por longo tempo;

— quando o casal é suficientemente maduro para entender as conseqüências dessas relações;

— quando a maturidade de relacionamento leva o casal a um projeto firme, comprometido para a concretização do matrimônio;

— quando acontecem situações que impedem a realização do matrimônio e obriga a continuarem o noivado.

Deixando de lado os abusos e as falsas liberdades, podemos perceber nesses casos boa dose de seriedade e que pedem um novo posicionamento moral. Circunstâncias socioeconômicas às vezes impedem a realização do matrimônio, quando os jovens já estão preparados e sonham em realizá-lo.

Não é possível aqui uma argumentação matemática, nem podemos julgar todas essas experiências ou acontecimentos como desastrosos, alguns são frutos da maturidade.

Levando em conta o ambiente onde vivemos, o esforço dos meios de comunicação que vendem o erotismo e a falsa liberdade e o que foi considerado acima, não podemos condenar esses jovens que, após anos de namoro sério e comprometido, chegam a esse ponto. Podemos até falar em erro, mas falar em pecado já é entrar no santuário da consciência de cada um, desvendando os motivos pensados que geraram tal atitude. Seria melhor formarmos a consciência deles para que conseguissem libertar-se de uma situação de mal-estar interior, uma vez que chegaram a isso sem maldade, sem a manipulação da pessoa do outro.

Filhos

1. Criar uma criança ou um cão: o que é melhor?

O censo mostra atualmente como há países onde a taxa de nascimento é zero. Cada vez mais as pessoas limitam filhos e se negam a gerar a vida. Alguns o fazem por dificuldades econômicas e psicológicas; outros o fazem por comodismo e por ser mais prático não ter filhos; outros por impossibilidade, incapacidade pessoal em assumir e criar filhos. Assim podemos elencar uma série de motivos válidos.

O que temos de reprovar é a motivação egoísta que leve tanta gente capaz a não querer gerar a vida. Às vezes não o querem simplesmente porque filho dá trabalho.

O mais lamentável é a inversão que se produz. Não querem filhos, nem adotam uma criança, mas enchem a vida com a criação de animais aos quais se apegam de modo irracional. Há pouco uma senhora me perguntava se, depois da morte, iria rever o seu cão de estimação.

Ter animais de estimação não é aberração, e já que tem, é preciso cuidar mesmo. Mas tudo tem seu limite. Lamentável é ver cães e gatos substituindo filhos e sendo tratados como se fossem filhos e talvez até com mais regalias que as crianças. Levadas pelo sentimento, as pessoas perdem o bom senso e o equilíbrio da mente e chegam ao exagero.

O exagero começa com as casas especializadas em fornecer conforto aos animais, hospitais para atendê-los, hotéis para os receber nas oportunidades de viagens e ausências.

Coisas que fazem falta para as crianças. É muito triste olhar as crianças de rua ou de famílias pobres que não encontram a mesma atenção da sociedade.

E não são só crianças que sofrem, os idosos passam pela mesma carência. Hoje não me assusta ver a violência praticada por menores de rua ou menores a quem a sociedade negou o direito fundamental à vida.

Sabemos que há a indústria atrás de tudo isso, mas sabemos também que há uma indústria nada lucrativa da violência que trabalha em cima da desigualdade social. Perdemos a sensibilidade e trocamos os valores. As pessoas não querem ver, não querem perceber o que é um valor fundamental.

Não discutimos aqui a terapia ou o prazer que a criação nos traz; discutimos o exagero e a disparidade de tratamento. Continua ou não em pé o que Jesus falou: o sábado para o homem e não o homem para o sábado?

A humanidade é dialética: vamos criar cães para nos defender, em vez de ajudar alguém a ter uma vida digna e não se marginalizar.

Precisamos ter abertos os olhos e o coração. O correto não é o que vale para mim, mas aquilo que ajuda os outros a serem melhores.

2. Ter filhos ou não ter filhos: o que é melhor?

Esse é um problema que vem afetando o povo. Cada um tem uma opinião que se baseia em seu próprio ponto de vista. E vamos vivendo uma dura realidade: o envelhecimento da população que não se renova. Quantos países possuem a taxa de natalidade zero!

É certo que é uma das condições fundamentais para o sacramento do matrimônio a não exclusão de filhos, mas a modernidade trouxe uma mudança no social e juntamente uma mudança na mentalidade.

Grande parte das mulheres hoje trabalha fora do lar,

ombro a ombro com os homens, provendo a manutenção e o bem-estar da família. Não têm tempo para se dedicarem aos filhos.

Outros são levados pela situação. Dizem que hoje está difícil demais criar filhos. Por isso precisam pensar muito.

Alguns evitam ter filhos com os olhos na economia. Como ter filhos hoje se tudo está tão caro e custoso?

Uma boa quantidade de pessoas não quer mesmo ter filhos, porque filhos atrapalham e tiram a tranqüilidade do casal. Filhos hoje trazem preocupação.

Outros olham o lado da saúde e não pensam mesmo em ter filhos, porque a saúde não é suficiente.

Perguntamos: quem está com a razão? O que está por trás de tudo? O que mais nos choca é perceber que os casais não querem filhos, mas os substituem por animais de estimação que, às vezes, exigem mais cuidados e gastos que muitas crianças.

Tudo pode ter um pouco de verdade, mas em tudo há uma boa dose de egoísmo. A vida nos foi dada para ser repartida e transmitida com amor e responsabilidade. Essa é a base evangélica que nos leva a dizer que quem tem condições, tem mais é de transmitir a vida e se responsabilizar por ela. Participar do ato criador de Deus e gerador da vida.

De fato muitos casais não devem ter filhos, porque não possuem a maturidade suficiente para se responsabilizar pela vida que geraram. Outros não possuem equilíbrio psicológico e capacidade para educar um filho.

Filho sempre tem de ser fruto do amor e da responsabilidade e não algo que acontece. Aceitamos plenamente que o casal planeje seus filhos, espere o melhor momento para tê-los; somente não podemos aceitar o egoísmo de quem não quer "ter trabalho". Muitos casais seriam mais felizes se seu lar fosse enriquecido com a presença de filhos; a própria educação seria mais eficiente. Há engano em pensar que educar um filho é mais fácil que educar três ou quatro. Coitadas dessas crianças que são brinquedos nas mãos dos pais.

Mais que nós, a vida vai mostrar-nos como seria ser mais generoso e não negar a vida sem ter motivo justo e válido.

3. Limitação de filhos: até aonde chegar?

Ninguém pode negar que o matrimônio é o local abençoado para gerar filhos; aqui eles serão bem-vindos e vão multiplicar as bênçãos do casamento e vão encontrar o amor e carinho que necessitam. Por outro lado está cada vez mais difícil entender aqueles que fixam a finalidade do matrimônio na procriação. Como justificar a vida dos que se casam sabendo que não podem ter filhos pela sua própria natureza!

Quantas brigas com os confessores porque as pessoas se acusavam de evitar filhos. E quantas pessoas afastaram-se dos sacramentos, quer proibidas pelos seus confessores, quer desgostosas com as exigências da Igreja.

Entendemos bem que o egoísmo seja o único pecado nessa história. Não querer ter filhos, porque filhos dão trabalho ou trazem muitos problemas e dificuldades é negar a vida que de graça e bondosamente receberam. Pessoas cheias de condições para gerarem e educarem filhos, não os querem. Estão longe de descobrirem sua vocação.

Entendemos também que é preciso respeitar as consciências e permitir que os pais programem sua vida, planejem seus filhos exercendo uma paternidade e maternidade responsáveis. Não se pode ingenuamente dizer que se devem colocar no mundo os filhos que Deus enviar. Por que levar a esse extremo desrespeitando o poder decisório e a consciência dos pais? Uma catequese sobre o valor de gerar e criar filhos era bem mais eficiente do que as exigências de uma moral fechada.

Cada qual tem o direito de planejar seus filhos, decidir a oportunidade e escolher o método de evitar que mais se adapte às suas necessidades e situações, salvando o valor da vida e evitando o egoísmo. Podemos e devemos orientar sobre os perigos e complicações de certos métodos que são abortivos ou trazem mais problemas de saúde. Podemos alertar para métodos naturais, mas não podemos decidir para ninguém e muito menos condenar.

Nas aulas do Pe. Bernard Häring sobre a "Moral para o terceiro milênio" dizia com firmeza: "No quarto do casal ninguém entre, nem sequer o padre", pretendendo dizer que se respeitasse a consciência do casal.

Ajudar formar a consciência, orientar para os valores evangélicos é o trabalho carinhoso da Igreja; decidir pertencer ao casal que, bem ou mal formado, vai desenhar sua vida.

Na pastoral, sentimos que é melhor ter os casais na comunidade, ainda que tenhamos de fazer concessões, a afastá-los e manter um rigorismo legalístico.

4. Adotar uma criança é um bom negócio?

É muito comum encontrarmos pessoas que desejam ter filhos, mas a natureza não lhes dá a possibilidade. Enquanto tantos evitam filhos e mesmo recusam tê-los, outros vivem a ansiedade de procurar uma criança que possa completar sua alegria e que encha sua casa de felicidade.

Adotar uma criança não é satisfazer sua afetividade e poder cobrir suas carências, mas é um gesto profundamente evangélico. É ter uma consciência do valor da pessoa e de sua dignidade. É se tornar pai e mãe para quem não os teve e abrir suas portas aos carentes. É dar a quem foi negado o direito de ser pessoa humana e de se desenvolver dignamente.

Saudamos a vocês que abrem seus braços nesse gesto generoso, realizando o amor mais puro e concretizando as palavras de Jesus: "Ninguém tem maior amor do que aquele que dá a vida pelo outro".

Quem adota uma criança deve estar consciente de alguns pontos básicos:

1. Por mais que façam, nunca vão substituir os pais que

geraram essa criança. No âmago dessa personalidade sempre vai existir uma dor.

2. Não se adota uma criança para si, mas para ajudá-la a ser gente e estar junto até que ela mesma decida seu caminho. Por isso é o gesto mais generoso que se faz.

3. Venha de onde vier, a criança sempre poderá apresentar distúrbios ou desequilíbrios. As marcas e traumas são tão profundos, o sentimento de rejeição é tão grande, que vão atuar sempre na personalidade da criança.

4. Os comportamentos desencontrados não são resultado de falhas na educação, mas são reações muitas vezes indesejadas pela criança, fruto dos traumas que a marcaram desde a sua concepção.

5. Não se pode esperar um comportamento lógico e reações normais de quem já nasceu com tantas marcas negativas.

6. Tudo o que se faz, se faz em nível de suprir o que faltou e dar à criança o necessário para uma vida digna.

7. A criança deve saber desde cedo sua real situação, mesmo que não aceite e rejeite conversar sobre isso. É muito traumatizante saber mais tarde sua história.

Com todas essas observações e esses perigos, mesmo assim vale a pena a coragem de adotar uma criança, enfrentando o futuro imprevisível e incerto de quem não sabemos de onde veio e nem a profundidade das marcas que traz consigo.

Parabéns a vocês que conseguem fazer esse gesto maravilhoso; um dia Jesus vai dizer-lhes: "Eu estava abandonado e me recolhestes".

Escuta de Deus

1. Escutar Deus: um aprendizado custoso

Uma verdade que sabemos muito bem, mas temos dificuldade em perceber é que Deus fala sempre conosco. Deus nos acompanha e nos fala constantemente. Paulo diz que o Espírito Santo está em nós. Nossa consciência é também um lugar onde Deus nos fala. Mas qualquer acontecimento traz uma mensagem de Deus.

O difícil é sermos capazes de ler essas mensagens; não estamos habituados nem abertos para a escuta de Deus. João diz que quem é de Deus percebe as coisas de Deus (Jo 8,47) e quem não é de Deus não pode perceber e não tem condições de ouvi-lo. Seria esse o nosso caso?

Tudo vai depender da caminhada que fazemos da experiência de Deus. Se não chegamos a um aprofundamento maior, teremos dificuldades em perceber e escutar Deus.

Outro fator que ajuda a criar dificuldade é a falta de silêncio e concentração. O mundo é barulhento, cheio de sons e de preocupações. Na parábola do semeador, Jesus mostra como a semente pode ser sufocada pelas preocupações e abafada pelas atividades. Quem hoje tem tempo para a meditação? Parece que tanto mais facilidades temos, mais ocupados nos encontramos, a ponto de chegarmos ao fim do dia sem um minuto de oração e de descanso.

Na verdade as pessoas na sua programação diária não incluem os momentos de oração, meditação, encontros consigo mesmas, permitindo que seu tempo seja absorvido pelas atividades.

Muitos conseguem, mesmo no barulho, se concentrar para alguns minutos de meditação. Essa meditação que, para nós, é uma necessidade fundamental na experiência de Deus. E se não houver um esforço, jamais chegaremos à escuta de Deus.

Há um exercício muito bom a ser feito diariamente: tentar perceber, durante o dia, quantas coisas boas aconteceram ao nosso redor. Certamente teremos dificuldade no início, mas devagar nos habituamos a perceber a riqueza que nos cerca e como a bondade se faz presente.

Olhar atento a realidade, eis outra fonte das mensagens de Deus. Constantemente podemos refazer nossa caminhada, aproveitando os ensinamentos do dia-a-dia. A vida é dinâmica e não comporta repetição e ausência de criatividade.

Quem não ouve Deus, quem não lê as mensagens escritas na natureza e na vida vai sempre repetir as mesmas coisas e vai dia a dia desgastando-se até acomodar-se e perder o sentido do viver, multiplicando as tristezas, as desilusões, as doenças e perdendo a alegria daqueles que vivem profundamente sua fé em um Deus que está presente e nos ama apaixonadamente.

Dom das línguas

1. Rezar em línguas: uma experiência de Deus?

Os movimentos pentecostais trouxeram à tona, entre diversas expressões de piedade, algo que existia na Comunidade primitiva e que era considerado um dom de Deus em benefício da própria comunidade: rezar em línguas.

O dom das línguas (glossolalia) é um carisma, um dom do Espírito Santo para edificação da comunidade. Na carta aos Coríntios (1Cor 14,2-28), Paulo fala desse dom e dá as orientações claras até mesmo cortando o uso desse dom, quando não há ninguém que possa interpretar. Avisa também do perigo de serem tachados como loucos, para o perigo da indisciplina, e coloca a preferência pelo dom da profecia, proclamando as maravilhas de Deus de modo inteligível.

No comentário dos padres antigos, isso parece ter desaparecido ou, pelo menos, havia certo embaraço em explicar esse dom. Parece que o abuso disso pelos hereges montanistas provocou desinteresse nos fiéis.

Entre os escritos dos grandes santos, fala-se de certa "embriaguez espiritual", um estado de alma em que a consolação dada por Deus apodera-se de tal forma do santo, que ele passa a exprimir sua experiência mística com palavras estranhas e desconexas.

Esse fenômeno, no entanto, é próprio dos grandes místicos em seu estado de comunhão com Deus. Não faz parte da experiência comum dos fiéis orantes e que ainda não chegaram a esse estado de perfeição. É um caminho não comum para nós que lutamos dentro de uma ascese cristã. Não podemos negar que haja o dom das línguas, mas perguntamos: para que serve? As esquisitices sempre atraem um grande número de pessoas; outro tanto facilmente se identifica e se entusiasma com elas.

A maioria de nós não saiu ainda da cartilha da oração e já se julga pregando por Deus com o dom das línguas, e mais, com o dom de interpretar. É preciso muita cautela com os desequilíbrios pessoais e coletivos. Deviam passar esses fenômenos por análise de bons psicólogos e alguns psiquiatras.

Podemos dizer, com certeza, que esse dom não faz falta à Igreja nem ao processo de crescimento pessoal na vida de comunhão com Deus. Veja bem o que diz Paulo no tão cantado capítulo do dom das línguas, precisamente no versículo 19: "Mas numa assembléia prefiro dizer cinco palavras com minha inteligência, para instruir também aos outros, a dizer dez mil palavras em línguas" (1Cor 14,19).

É uma troca desproporcional, mas Paulo sabe o que fala. Às vezes quem julga ter esse dom, devia rezar a sós em sua casa.

Psicologia

1. Mau olhado e malefício: por que ter medo?

As pessoas impressionam-se tanto com certas coisas e acabam sofrendo as conseqüências. Como não sabem a explicação, logo concluem que o acontecido seja fruto de malefício ou mau olhado. Acrescente a isso o medo que surge quando, desabafando com alguém, vê confirmada a sua suspeita. O povo tem prevenção e vive sempre sob ameaça e sob o medo, vê sempre pessoas desejando o mal.

Tem-se a impressão que isso tudo provém de uma cultura muito primitiva e elementar, cultura do mítico, do medo. É mais fácil ficar com alguma explicação que procurar saber bem o que se passa, o que acontece.

A psicologia mostra-nos que a mente humana controla nosso ser e o modo de vivermos. Um pensamento firme, uma mente equilibrada não permitem sofrer influência dos acontecimentos ou de outras pessoas. Quando agimos normalmente através de emoções, facilmente tudo o que acontece nos envolve de tal modo que nos deixamos levar por elas.

Por outro lado sabemos que a pessoa humana não é só raciocínio puro; é também emoção, sentimento. Dessa forma fica difícil agir apenas pela razão.

Assim como um olhar carinhoso nos envolve e nos leva numa direção conduzindo nosso dia, nosso humor no trabalho, uma palavra de consolo nos afeta de modo positivo, também um olhar de ódio, de rancor, pode influenciar-nos. É preciso ter a capacidade de reagir ao negativo que nos toca. O hipnotismo é uma prova disso e acontece quando nós permitimos que alguém nos domine e conduza nosso pensamento.

A questão está no aceitar ou não aceitar. É certo que as pessoas não possuem um poder sobrenatural para nos fazer mal. Elas podem ter a força da mente, a força do ódio, enquanto nós temos a força para reagir diante de tudo isso.

Uma boa formação cristã ajudaria muito a essas pessoas negativas ou facilmente influenciáveis. Deus é Pai que nos acompanha, o pastor que nos conduz (Salmo 23), ele pode dar-nos a paz. A certeza de estarmos com Deus é também a certeza de que nenhum mal nos poderá tocar. O bem, o amor, a oração são respostas que podemos dar a tudo o que percebemos de mau nas pessoas.

Quando nossas forças são poucas e nos encontramos fracos, vamos buscar na oração pessoal e comunitária a força que nos falta, adquirindo confiança (Ef 6,16-18).

Ao lado de tantas coisas tristes, aprendamos a perceber coisas boas que nos rodeiam, verdadeiros presentes de Deus mostrando sua presença e seu amor por nós. Tenham confiança.

2. Sonhos: acreditar ou não?

Constantemente somos procurados por pessoas que querem explicações e interpretações de seus sonhos.

As ciências psicológicas fazem uma boa leitura dos sonhos e através deles explica momentos que vivemos, preocupações, problemas ocultos no subconsciente, traumas, tornando possível um bom tratamento. Mas não vai além disso.

Os sonhos não são revelações nem mensagens de Deus; são experiências vividas e imaginadas que, em forma de filmes, se projetam na mente. Há estudos que afirmam que sonhamos a noite toda, que os sonhos longos passam-se em poucos segundos e que não lembramos a maioria deles. É certo que necessitamos sonhar, pois é um modo de se colocar em ordem um acervo contido no arquivo da memória e produzir uma limpeza ou purificação de tudo.

Não podemos inquietar-nos com os sonhos; podemos sim tirar lições e aproveitar deles para retomarmos a vida, eliminando as tensões e os traumas que percebemos através dos sonhos.

O problema é a obsessão de buscar nos sonhos respostas para tudo e basear a vida nisso, querer entender tudo, como se os sonhos fossem o veículo seguro para descobrir o caminho da vida. Coloquemos cada coisa em seu lugar, por isso tomemos cuidado com a leitura de sonhos que podem levar-nos a um emaranhado mental e psicológico. Vamos confiar em um profissional formado, quando necessitamos de ajuda, e não nos entreguemos nas mãos de amadores e manipuladores de nossa mente e de nossa fantasia.

Habitualmente, não podemos dar importância a sonhos. Deixe sua fantasia organizar-se a seu modo.

Outro problema é que na Bíblia há mensagens de Deus através dos sonhos; é o caso de José do Egito (Gn 40 e 41), de São José na fuga para o Egito (Mt 2,13). Não podemos apegar-nos a esses fatos bíblicos, Deus revela-se como quiser. É difícil chegar ao fundo dessas questões e definir a verdade histórica, aliás a Bíblia não se preocupa em contar história. Apenas sabemos que havia costume de interpretar os sonhos, mas que era costume condenado. Podemos perguntar: aconteceu assim mesmo?

Por outro lado, vendo a recomendação de Javé a respeito dos sonhos e intérpretes de sonhos, percebemos que os sonhos não eram a maneira de Deus revelar-se... "não dêem ouvidos a esses profetas e intérpretes de sonhos... eles deverão ser mortos" (Dt 13,2-6).

Embora Deus possa servir-se de qualquer modo para revelar-se, podemos adiantar que esse não é o modo como Deus tem agido.

Ser observador de seus sonhos e aproveitar para se entender e trabalhar consigo o momento atual é o que podemos recomendar, mas isso tudo sem pânico e hesitações.

3. As taras hereditárias tiram-nos a liberdade?

Há um patrimônio gravado como um código em nosso corpo e no psíquico que, às vezes, se manifesta através de taras evidentes ou ocultas, mas que age de maneira eficiente chegando a ponto de tirar-nos a responsabilidade e a liberdade.

É certo que a liberdade é uma autonomia interior, própria do homem e da mulher; atinge a capacidade de escolha e supõe razão e vontade para escolher. A pessoa conhece os valores, a razão escolhe e a vontade determina a ação. Essa liberdade torna qualquer ato humano e serve de base para a moralidade do mesmo. Sem escolha não se pode falar em moralidade ou imoralidade.

Podemos por aí concluir que uma pessoa só é responsável por um ato humano, isto é, um ato cujo valor foi conhecido, foi aceito livremente.

Partindo disso, qualquer fator colocado não deliberadamente que diminua a percepção da inteligência e a livre decisão da vontade, retira ou diminui automaticamente a responsabilidade e até pode extingui-la. Restringindo a liberdade, restringe-se a responsabilidade.

Não fomos feitos por camadas, de forma que seja possível separar o biológico, o psíquico e o espiritual. Toda a atividade humana é resultado dessas três esferas. Contudo podemos perceber que o biológico é tão importante que, para os outros componentes funcionarem regulamente, é necessário que a parte biológica tenha uma regularidade perfeita. O não funcionamento do biológico faz sentir logo seus efeitos sobre a inteligência e a vontade.

Dessa forma concluímos que possa existir algo que, em determinadas e particulares circunstâncias, possa acarretar uma limitação no campo da escolha e que possa mesmo impedir uma escolha correta.

As taras hereditárias, principalmente aquelas que se manifestam nos graus da deficiência mental ou de desordem mental, excluem a possibilidade de responsabilidade ou colocam restrições à mesma.

Sabemos que o problema biológico é complexo, mas em muitos casos percebemos a ausência da capacidade de discernir. Isso nos permite compreender comportamentos humanos mais desumanos.

Por isso é que podemos tranqüilizar muitas mães preocupadas com atitudes desencontradas de filhos que trazem essa problemática. Seus filhos são pessoas humanas incapazes de serem penalizadas, pois são, pela própria natureza, impedidos de colocar atos responsáveis e nem têm consciência do que fazem.

Ciência

1. Aceitar ou não aceitar a evolução?

Cada vez mais o homem aprofunda seus conhecimentos científicos com descobertas maravilhosas e surpreendentes. E vamos percebendo que o universo evolui e constantemente se renova possibilitando o surgimento de nova vida, novas criaturas.

Não podemos acreditar que tudo seja mera especulação ou teorias fantásticas. Temos de aceitar as descobertas da ciência e começar a ler a história do universo e da humanidade através dos indicativos e leituras da ciência.

Nisso surgem conflitos com a fé, conflitos que, ao longo da história, geraram grandes confusões, veja o caso Galileu para ficar no comum.

Nossa perplexidade começa com as teorias científicas sobre a origem do mundo e a descrição do livro do Gênesis, em que Deus cria o mundo em sete dias. O que dizer sobre o fato de atualmente o universo continuar nos mostrando o surgimento de galáxias muito maiores que as conhecidas?

Necessariamente temos de ficar com a verdade da Bíblia, já despida do seu gênero literário, sua maneira de descrever compreensiva a seu tempo.

Hoje não podemos assustar-nos ou admitir a evolução ou o ciclo evolutivo da vida, em que nada se perde e tudo se renova ou se recria.

A doutrina da Igreja percebe na Bíblia a ação criadora de Deus que se prolonga no tempo.

Deus criou, colocou sua força, e o universo através dessa força se explode em novas maravilhas. E nós continuamos acertadamente a dizer: Deus criou o mundo.

Mesmo tratando da pessoa humana não é contra a fé revelada que admitamos a evolução, salvando que a existência da pessoa humana é sempre um ato particular do poder criativo de Deus. O resto é assunto que podemos discutir, nada afeta a doutrina da Igreja.

Está na hora de fazermos uma nova leitura da vida, alargando os horizontes de nossa compreensão, dessa forma não teremos mais os problemas suscitados por professores agnósticos na cabeça de nossos jovens, nas universidades.

Os gêneros literários foram e são coisas da época. Não podemos imaginar como daqui a 5 mil anos irão ler algumas de nossas descrições, que hoje temos como normais e plenamente inteligíveis.

Astrologia

1. Astrologia: vale a pena acreditar?

A astrologia, como estudo da natureza, dos corpos celestes e de suas relações entre os acontecimentos terrestres e humanos, já existia entre os habitantes da Mesopotâmia (séc. IV a.C.). Ela é a mãe da atual astronomia.

Sem dúvida, temos de reconhecer o valor da astronomia. Não se trata de adivinhação do futuro, mas de previsões dependentes de leis físicas. Por outro lado, é preciso admitir a influência dos corpos celestes, uns sobre os outros. Assim vemos a ação da gravidade, as radiações, a força da lua sobre as marés e cortes de madeira, plantio, colheitas etc.

Olhando esses aspectos, poderíamos dizer ou prognosticar que nossas ações e comportamentos também sofrem influência da ação dos astros. Mas temos de parar por aqui, embora tudo pareça ser muito verdadeiro e até tenha coincidências impressionantes.

A astrologia é um amontoado de afirmações gratuitas e, às vezes, incoerentes. Basta ler os jornais e revistas, comparar as tabelas de horóscopos, para perceber que são invenções, porque eles não batem entre si, um fala diferente do outro.

Dessa forma pessoas nascidas sob o mesmo signo deviam comportar-se de maneira igual. A pessoa humana é complexa demais para ser lida de forma tão simples e banal. O que engana são as coincidências, que sempre vão existir na vida. Se os astros têm alguma influência, isso não nos dá o direito de concluir que eles determinem e decidam por nós o futuro a ser construído. Então, não seria possível falar em liberdade do ser humano, teríamos de nos submeter a um determinismo irracional.

Não se trata de negar as influências do ambiente cosmológico. Todos sentimos as mudanças de tempo, estações, das condições meteorológicas sem, contudo, admitir o determinismo meteorológico que decide o comportamento das pessoas.

No mundo de hoje, sabemos que as pessoas não são levadas por uma ética ao lutar pela sobrevivência, pouca gente se preocupa com um modo digno de arrumar a vida. Há muita exploração, principalmente dos incautos e despreparados. Essas especulações respondem a um primitivismo de quem se sente bem em viver sob o medo ou sob o mistério. Por isso mesmo são presas fáceis de especuladores inescrupulosos.

Para se viver hoje é preciso ter os pés no chão e ter alguns critérios que ajudem no discernimento. Há muitas promessas, alarmes falsos, facilidades e acenos de bem-estar por preços módicos. A vida não é tão fácil e insignificante, é sabedoria ler a vida e projetar o futuro.

Superstição

1. Horóscopos, cartas, tarôs e búzios: alienação ou crendice?

A Bíblia chama de "práticas abomináveis das nações pagãs" e dá uma lista delas em Deuteronômio 18,9-15; Levítico 19,31, com a recomendação de que os israelitas não entrassem por esses caminhos.

Proibir por proibir não tem fundamento. Atrás das palavras há o conteúdo que é o projeto de Deus para esse povo que é diferente do projeto das outras nações. Deus propõe a nossa sociedade, projeto a ser mantido vivo pelos profetas. Por isso não deviam seguir outras ideologias.

É um projeto claro, renovado por Jesus, de responsabilidade do povo construir a nova sociedade, a nova ordem social, a justiça do Reino. Esse projeto representa vida, liberdade. Essas "práticas abomináveis" impedem o povo de ser livre e o mantém escravo.

Perguntamos qual é o projeto de vida que essas práticas nos trazem. Na verdade desenvolvem o primitivo religioso que existe em cada um, o misterioso que causa medo e no fundo escraviza. Não acrescentam nada e não apresentam pistas de libertação para a pessoa humana. Trabalham uma área de sensibilidade da pessoa e acirram a dependência, o medo do divino, a presença da força do mal que pode prevalecer sobre o bem.

São palavras e gestos que sensibilizam a pessoa não

permitindo que caminhe na realidade que, às vezes, é penosa e difícil. Parece que aguçam um desejo oculto de sofrer e de viver oprimido que satisfaz muita gente. A clareza, a realidade desmistificam, tiram o véu do misterioso, as pessoas não gostam de se confrontar com a verdade.

Há também a crença fatalista de que nada se pode fazer a não ser usar esses recursos pelos quais se paga muito e se leva até sofrerem a falta do necessário. Por outro lado, não percebemos que isso é uma indústria que movimenta um bom dinheiro e que há pessoas sem escrúpulo que através desses meios constroem a vida à custa da simplicidade e ingenuidade de muitos.

Um estudo de parapsicologia explicaria determinados acertos que podem coincidir com o que dizem ou preconizam alguns; como podem elucidar alguns fenômenos.

Em vez da liberdade de quem procura construir a nossa sociedade, muitos preferem continuar escravos de um fatalismo ou de pessoas e práticas enganosas, amarrando-se a uma série de fatores que condicionam o próprio futuro.

Não condenamos pessoas, mas a ingenuidade e a ignorância que escravizam. Condenamos o aproveitar das pessoas para ganhar a vida de um modo cômodo que favorece permanecer dependente e não possibilita um caminhar livre e consciente.

2. Por que fazer o sinal-da-cruz diante das igrejas?

Quanta gente se benze com o sinal-da-cruz ao passar em frente de uma igreja. Quantos outros se benzem ao entrar no campo de futebol ou ao iniciar alguma atividade ou prova.

Tudo vai depender daquilo que se entende ao se benzer, da fé com que o faz e de como o faz.

Há gestos tão malfeitos que revelam como e quanto a pessoa é supersticiosa e tem pouca consciência do que está fazendo. Alguns gestos revelam apenas o hábito adquirido e nunca questionado sobre o sentido, a validade de fazê-lo.

A falta de formação religiosa, a mentalidade reveladora de crendices, o medo do sagrado é que dão corpo à superstição. Às vezes uma coisa boa, como benzer-se, torna-se um gesto sem sentido e sem explicação, além do simples hábito de fazê-lo.

Benzer-se não é mandamento, não é doutrina; pode ser um costume piedoso, carregado de sentido. Ao traçar sobre si o sinal-da-cruz, bem-feito, com fé e confiança, estamos pedindo a proteção da cruz de Jesus. Estamos manifestando nossa crença de que a cruz de Jesus pode afastar de nós a maldade e nos trazer a força de Jesus.

Desde pequenos, aprendemos a nos benzer, para levantar ou para dormir, pedindo o olhar de Deus sobre nós. Um santo costume. A modernidade trouxe a preocupação com tantas coisas que nos fez esquecer esses valores piedosos. Quem é que sabe o "Pelo-sinal" inteiro hoje? Vemos muitos fazendo gestos ridículos, tentando reproduzir o ato de benzer-se.

Já foi o tempo em que, ao deitarmos ou ao levantarmos, traçávamos sobre nós o santo sinal-da-cruz, dizendo: "Pelo sinal da santa cruz, livrai-nos Deus, nosso Senhor, de nossos inimigos. Em nome do Pai e do filho e do Espírito Santo. Amém".

Outra dificuldade é a vergonha de fazer nossas orações em público ou em lugares públicos. O que vão dizer ao nos virem benzendo-nos antes da refeição em um restaurante?

Essas devoções fazem-nos bem e fazem bem aos outros que, tímidos, poderão criar coragem de rezar. Devemos ser sempre agradecidos a Deus por tudo o que recebemos de sua bondade.

Não somos supersticiosos ao nos benzer em qualquer lugar, desde que o façamos conscientes e de uma forma respeitosa. Enchemos nossos gestos de significados e expressamos nossa fé de um modo simples e piedoso.

Para um mundo desligado de Deus, pode realmente ser o momento da graça ou mesmo uma simples e efetiva evangelização, que poderá despertar as pessoas para Deus e para uma vida de mais oração.

Velório

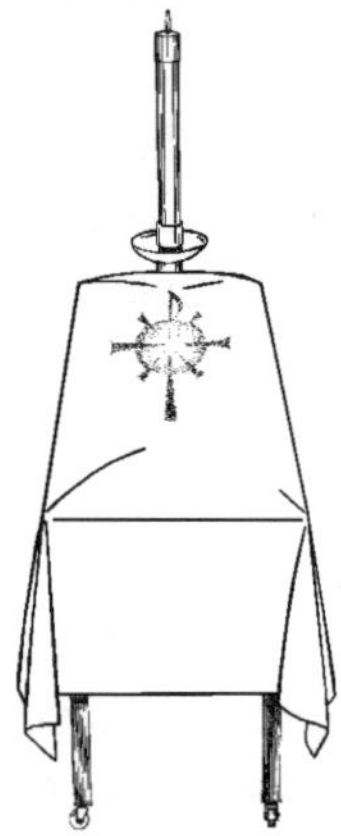

1. Velório: uma agonia a mais ou sofrimento inútil?

Hoje em dia a sociedade, por ser prática, priva-nos até desse momento comum da vida que é velar um morto. E já há pessoas que não querem nem velório, nem funerais de seus mortos.

Sem comentar a indústria da morte que vai desde a manutenção de quem já morreu até as exigências e possibilidades que as funerárias oferecem, numa hora em que o discernimento é quase impossível.

Não há mesmo obrigação dessas últimas celebrações junto do morto. Hoje há lugares apropriados para essas horas, com certa margem de tranqüilidade e até com segurança de poder deixar nosso morto e podermos voltar na hora do enterro.

Esse estar juntos nesse momento é um grande sinal de solidariedade e uma obra de misericórdia. A presença de parentes e amigos sinceros nos fortalece e nos consola. A amizade nos faz sentir amparados. Ser solidário leva-nos a estar juntos na hora da dor e a oferecer o apoio a quem padece. A partir do momento em que passarmos por isso, poderemos avaliar o que realmente significa estar junto nessa hora.

É importante a presença dos que têm fé e acreditam na ressurreição e por isso rezam conosco e nos ensinam a agradecer a Deus por ter colocado essa pessoa em nossa vida.

Como estamos sensíveis, a melhor atitude é a de quem

acolhe e reza conosco. Nada gratificante é a presença de gente sem fé, que está por aí por puro encargo social. Precisam marcar presença. Não participam de nossa dor, não estão solidários conosco, estão apenas assinando o ponto. Presença que não nos consola nem nos enriquece. Pessoas que transformam o velório em um ato social.

Não podemos criticar certas coisas que acontecem, porque há pessoas que só vemos nessas oportunidades. De certo modo, é até uma boa hora. Mesmo que a dor nos oprima, essas presenças nos ajudam.

As orações que fazemos não é só para quem morreu; elas consolam e fortalecem os familiares, reforçam o vínculo familiar. Pode parecer inútil para alguns, mas são significativas para as pessoas da família. Esses são momentos em que uma palavra já é demais. É melhor orar. Por isso, suprimir simplesmente os velórios não é decisão que nos compete, mas de toda a família.

Não há necessidade de se passar a noite inteira velando. Não há nenhuma falta de respeito em deixar o morto e ir para casa para um descanso.

Em face da morte, temos de assumir o acontecido, não há como mudar a realidade. É hora de testemunhar nossa fé na ressurreição. Nosso ente querido está com Deus, o Pai que o amou pela vida inteira. Que o Senhor lhe dê a paz e a plenitude da vida, e a nós que ficamos, o consolo da fé: "Assim como Deus ressuscitou Jesus, ressuscitará também a cada um de nós".

Esportes perigosos

1. Esportes perigosos: o que pensar?

O esporte sempre foi um meio de se construir um corpo sadio, adestrando a pessoa, educando-a e funcionando como distensor psíquico. É inegável o benefício do esporte para quem o pratica e para quem o assiste. Temos de estimular a prática do esporte, procurando mostrar a riqueza que possui e o bem que faz. São atividades altamente educativas em seu todo.

O esporte robustece o físico, educa sentimentos, recoloca em equilíbrio as energias físicas e psíquicas, favorece o sistema respiratório e dá espaço para desabafar as tensões do dia-a-dia.

Abrindo os jornais hoje, vemos as distorções provocadas pela ganância em todas as modalidades esportivas. Em primeiro lugar, o comércio que se estabelece em cada área. A seguir, vemos as manipulações da pessoa, provocando distorções e aberrações. As pessoas passam a ser mercadorias, das quais se aferem lucros exorbitantes, com prejuízo das competições e das próprias pessoas que participam diretamente. Acredito que hoje pouco interessa ao desportista o benefício físico e psíquico do esporte. Interessa o quanto vai ganhar em dinheiro. Bem poucos desportistas podem ser apresentados à nossa juventude como exemplos a serem seguidos. E coitados de nós que ficamos atrás de uma TV para sentir o prazer de ver um bom espetáculo. O desrespeito é verdadeiramente acintoso.

Em segundo lugar, temos de lamentar os esportes perigosos, que colocam em risco a vida e a integridade da pessoa. Embora gerem lucros enormes, nada os justifica.

São esportes desconcertantes, que despertam no público a procura da violência, das sensações perigosas, escondendo por baixo fortunas que correm em negociatas. Vejam as corridas automobilísticas e de motos. Veja também o pugilismo. Como podemos chamar de esporte uma atividade que é medida pela pancadaria, que sempre provoca lesões com conseqüências para a vida? O que vemos de educativo nesses esportes, cujo preço é o risco de vida a que se expõem as pessoas?

Temos de censurar esses pretensos esportes e qualificá-los imorais. Não educam, ao contrário, deformam a mente, criam no coração das crianças e dos jovens o senso da violência e alimentam em adultos, já desequilibrados, a sensação no mal feito e no perigoso.

Quantas tragédias já nasceram dessas atividades desumanas, em troca de dinheiro e de alguns anos de fama. Nada justifica o sacrifício de vidas humanas, a não ser o risco para salvar outras vidas.

Está na hora de desligarmos a nossa TV e não patrocinarmos mais esses atentados contra a vida e a dignidade humana.

Índice

Índice de temas